acenda a DINAMITE

acenda a DINAMITE

Daniel Hagen

PREFÁCIO DE BEN FITZGERALD

© Daniel Hagen 2022 - Publicado por Daniel Hagen Ministries
www.danielhagenministries.com | Primeira edição: 2022

Esta é uma tradução da primeira edição do título original e a primeira edição em língua portuguesa.

Título original: *Ignite the Dynamite*. Todos os direitos reservados.

As citações bíblicas, exceto quando indicado em contrário, foram extraídas da Bíblia Sagrada Versão Almeida Edição Revista e Atualizada, © 1993, Sociedade Bíblica do Brasil. Outras versões utilizadas: NVI (Nova Versão Internacional, © 2011, Bíblica).

Nenhuma parte desta publicação poderá ser reproduzida, distribuída ou transmitida por qualquer forma ou meio, ou armazenada em base de dados ou sistema de recuperação, sem a autorização prévia por escrito do detentor do copyright e da editora, salvo em breves citações em críticas impressas.

Impresso por IngramSpark
ISBN: 9780645472202
Design de capa | Katherine Munro
Tradução | Anna Prates
Revisão e copidesque | Idiomas & Cia
Prova de revisão | Idiomas & Cia
Adaptação de capa | Artsam Soluções Gráficas
Diagramação | Bárbara Giselle

Sumário

Agradecimentos — 07

Prefácio, por Ben Fitzgerald — 09

Recomendações — 11

Capítulo 1: A Jornada de Daniel — 15

Capítulo 2: O Empoderamento do Espírito Santo — 27

Capítulo 3: Demônios e Libertação — 39

Capítulo 4: Discipulado na Cura — 57

Capítulo 5: É Para Todos os Cristãos — 71

Capítulo 6: Cessacionismo — 79

Capítulo 7: Caráter Antes da Unção — 95

Capítulo 8: Sinais e Maravilhas com a Verdade — 107

Capítulo 9: Ressuscitando os Mortos — 119

Capítulo 10: A Jornada de Frank — 131

Capítulo 11: Poder *Dunamis*, por Frank Clancy — 139

Capítulo 12: Sonhos e Visões — 147

Capítulo 13: O Poder do Evangelho — 161

Referências — 173

Agradecimentos

Gostaria de agradecer a Chris e Jess Hockridge. A ajuda de vocês neste projeto foi muito grande. Muito obrigado por seus esforços incansáveis e dedicados na pesquisa e elaboração do manuscrito. Com certeza não teria terminado este livro sem vocês.

Também quero deixar um grande obrigado para Anton e Bev Bekker. O papel de vocês em ajudar a revisar e editar este livro foi inestimável.

Katherine Munro, muito obrigado por sua arte ungida.

Brett Shaw, obrigado por editar e produzir o audiolivro.

Frank Clancy, como eu disse neste livro, você tem sido fonte de inspiração e um grande mentor em minha vida. Foi uma grande honra contar com sua contribuição em dois capítulos. Sei que os leitores serão impressionados e inspirados por sua vida e seus ensinamentos, assim como eu. Obrigado a você e Denny, por suas orações e apoio contínuos!

Ben Fitzgerald, obrigado por ser uma fonte permanente de encorajamento e inspiração. Foi uma grande bênção você ter escrito o prefácio.

Mãe e pai (Tony e Irene Hagen), amo vocês demais. Obrigado por me ajudarem a recordar minha jornada para garantir a exatidão dos fatos, e agradeço especialmente pelo amor, oração e suporte contínuos.

Finalmente, por último, mas certamente não menos importante, agradeço à minha esposa Chelsea e aos meus quatro lindos filhos: Reece, Esther, Caleb e Abby. Depois de Jesus, vocês são minha maior inspiração. Obrigado por viverem esta vida comigo e correrem a jornada ao meu lado. Tudo para Jesus!

Prefácio
Por Ben Fitzgerald

Sinto-me muito honrado por ter sido convidado a escrever o prefácio de um grande homem, um amigo e autor maravilhoso. A vida de Daniel é reflexo do que foi escrito aqui. Ele não tem somente uma teologia forte, mas também exercitou a verdade da Palavra de Deus através da obediência em sua própria vida.

Nos dezessete anos em que conheço Daniel Hagen, sequer consigo me lembrar de um momento em que ele não estivesse movido por um intenso desejo de amar mais a Deus. Ele sempre teve uma profunda sensação de fome de que o poder do céu fosse demonstrado na terra.

Essa convicção o levava diariamente a alcançar a vida de milhares de pessoas que ainda não conheciam a Jesus, assim como o levou a equipar e desafiar a família de Deus. Neste livro, Daniel desafia todo cristão a viver na plenitude do derramar do Espírito Santo que os profetas profetizaram.

Daniel mergulha em uma das principais razões pelas quais o Espírito de Deus nos foi dado. Ele examina detalhadamente o poder explosivo de Deus para nos equipar como testemunhas na terra e fazer com que andemos segundo Seu poder a fim de cumprirmos essa missão.

Não sei quanto a você, mas eu fico muito mais confiante quando sei o motivo e tenho a certeza da razão pela qual estou fazendo algo. O livro do Daniel nos enche de confiança à medida que revela a Palavra de Deus genuína com a linguagem e a compreensão necessárias. *Acenda a Dinamite* é repleto de testemunhos e exemplos fenomenais de pessoas comuns que viram Deus transformar suas vidas. Não é apenas para os pastores; este livro revela como o cristão comum pode libertar pessoas de demônios, curar doentes e até ver a salvação de centenas de almas.

Estas histórias e exemplos práticos despertam seu apetite para receber mais de Deus e se tornam chaves de como ativar sua fé a fim de acender o poder dinamite em sua vida. Não importa sua denominação ou qual tem sido seu entendimento da pessoa do Espírito Santo, todos temos de concordar que se Jesus era cheio do Espírito e precisava do poder *dunamis* de Deus, quanto mais nós precisamos entender pessoalmente Sua presença em nossa vida.

Quero terminar com esta declaração de como me senti à medida que lia este livro e por que ele me impactou tanto. A razão pela qual recomendo enfaticamente *Acenda a Dinamite* e o encorajo a estar faminto enquanto o lê, é porque tudo o que eu pude sentir em cada página foi pureza. A pureza da Palavra de Deus e a pureza do Espírito Santo; a pureza do homem escrevendo o livro, e a pureza de como Deus quer equipar e mudar você conforme vai lendo este livro. Os planos de Deus para sua vida são maiores do que você pode imaginar. Então, prepare-se e abra o coração para que Ele acenda Seus caminhos em você à medida que você aprende dele. Mal posso esperar para ouvir as histórias sobre as vidas e nações que foram transformadas por aqueles que leram esta obra.

Ben Fitzgerald
Líder sênior da Awakening Europa

Recomendações

Desde a fase em que experimentou o vício em drogas até tornar-se um ministro poderoso do Evangelho, a vida de Daniel Hagen revela a liberdade e o poder disponíveis a todos os que entregam sua vida a Cristo. Nosso Deus está perfeitamente inserido em assuntos de transformação total, e *Acenda a Dinamite* destaca, testemunho após testemunho, o amor divino que muda vidas. Deixe que este livro sacuda seu coração acerca de como deve se parecer uma vida cristã normal: cheia de pureza, paixão e poder.

Bill Johnson
Autor de Céus Abertos e Nascido Para Um Propósito
Bethel Church, Redding, CA

Daniel Hagen é um homem de Deus singular. Sua enorme estatura e os longos dreads que usa não serão encontrados em nenhum outro ministro que você vai conhecer. Ele não se encaixa na ideia concebida pelo mundo sobre o que é ser um ministro cristão; se parece mais com um antigo profeta que sai de um lugar desértico com fogo nos olhos e uma explosão de poder em suas palavras. De fato, esse é o Daniel! Ele é um "incendiário" nas mãos de Deus. É destemido, ousado, poderosamente ungido e movido pela paixão de ver multidões sendo arrastadas para o reino celestial. Um homem que acredita verdadeiramente que o Reino de Deus não são apenas palavras, mas puro poder. Ele vive o que prega, junto com sua ungida esposa Chelsea e seus filhos maravilhosos.

Acenda a Dinamite irá inspirar e desafiar você a viver uma vida sobrenatural e poderosamente eficaz com Deus. A trajetória de Daniel me inspira pessoalmente de uma forma muito real. Sua fé ousada e a paixão por viver uma vida completamente dirigida pelo Espírito serão transmitidas a você em cada página deste grande livro.

Tim Hall
Renomado evangelista australiano
Tim Hall International Ministries

Este livro é leitura obrigatória!

Nestas páginas, Daniel compartilha seu testemunho a partir de onde ele veio e como Jesus o salvou de uma vida de escuridão. Sua história ajudará muitas pessoas a saírem do reino do inimigo e irem para a luz, mostrando que podemos andar em vitória através do nosso Senhor Jesus Cristo!

Daniel desafia você a caminhar em intimidade com Deus e a ser ousado e corajoso para alcançar os que não são salvos. É sobre a simplicidade de ser um instrumento de honra a Cristo; não de fórmulas, mas de ser um praticante da Palavra de Deus.

Este livro representa o "AGORA" para a nossa nação.

Obrigada, Daniel, por ser honesto, compartilhar o seu coração e encorajar o Corpo de Cristo a sair em graça e fé para levar o amor de Jesus Cristo a um mundo perdido e moribundo.

Rev. Margaret Court AC, MBE
Pastora Sênior da Victory Life Centre Inc., Austrália Ocidental

RECOMENDAÇÕES

Presidente da Victory Life International Bible Training Centre Inc.
Presidente da VLCS Inc. (T/A Margaret Court Community Outreach)

De tempos em tempos, uma obra lançada é a palavra do coração de Deus na hora certa para o momento que estamos vivendo. Este livro é um exemplo! Encorajo todos os cristãos a comprarem uma cópia deste livro e lê-lo! Sendo você um cristão há apenas uma semana ou com vinte anos de estrada, estas páginas irão abençoá-lo e inspirá-lo a alcançar, mover e demonstrar o poder milagroso de Deus. O pastor Daniel examina as Escrituras, tornando-as alimento e inspiração para a sua vida fluir no mesmo poder que Jesus Cristo e os apóstolos operavam. Daniel demonstra claramente que esse poder está disponível a todos nós hoje. E não apenas isso. Se queremos ver o nosso mundo conquistado para Cristo, é totalmente essencial que nós, os cristãos, caminhemos, vivamos e operemos nesse poder!

Ao longo do tempo em que convivo com o pastor Daniel, posso testificar que o que você está prestes a ler não é somente um ensinamento, mas como ele o aplica em sua própria vida! Ele vive e respira o que ensina! Daniel já foi pessoalmente uma bênção para minha própria vida e família.

Você vai amar os testemunhos, exemplos e as palavras cheias de fé! Você será renovado, inspirado e encorajado a pressionar, buscar e receber o melhor de Deus! Aplicando esses ensinamentos e princípios na sua vida, você verá milagres e ganhará almas para Jesus!

Dr. Shaun Marler
Autor, professor e Pastor Sênior da World Harvest Ministries,
QLD, Austrália

Capítulo 1

A *jornada* DE DANIEL

MINHA JORNADA ATÉ CRISTO

Minha caminhada com Jesus começa com meus pais.

Quando eu era só um menino, minha mãe e meu pai formavam um jovem casal que passava por dificuldades no casamento. Por meses, eles buscaram descobrir se Deus era real e se perguntavam qual era o propósito de suas vidas.

Na época, meu pai era um fazendeiro que ia ao campo bem cedo pela manhã. Uma noite, quando tinha 25 anos, ele foi ao campo e experimentou algo que transformaria a vida de toda a sua família — ele teve um encontro radical com Jesus!

Papai se lembra que estava dirigindo seu trator no escuro total às 3 horas da madrugada. De repente, tudo à sua volta se acendeu! Papai diz que foi como se tudo tivesse parado, a ponto de não lhe restar outra coisa a fazer a não ser focar naquela luz. Agora sabemos que papai estava tendo uma visão aberta! Nessa visão, Jesus apareceu a ele e disse audivelmente: "Tony, chamei você para ser meu soldado".

É tão fenomenal saber que, nos meses anteriores a esse encontro, meus pais estavam buscando respostas do jeito deles. É realmente verdade quando a Bíblia diz que se você buscar a Deus com todo o seu coração, você o encontrará! (ver Jeremias 29:13).

Meu pai ficou muito chocado e abalado com esse encontro incrível. Papai tinha uma criação católica e pouca experiência com a religião, mas esse era o seu primeiro encontro real com o Deus vivo, Jesus Cristo! Depois de vê-lo face a face, a primeira coisa que papai fez, depois de terminar o trabalho, foi correr para casa compartilhar com mamãe o que havia acontecido.

Da infância para a adolescência, mamãe teve uma experiência limitada com a religião. Ela se lembra de ter educação religiosa na escola e de se sentir aberta e atraída ao que o professor compartilhava na época. Mamãe até recitou a oração do pecador (de salvação) quando tinha 15 anos, depois de alguém ter deixado um panfleto religioso em sua caixa de correio. Ela foi grandemente impactada naquele dia, mas só contou isso a alguém anos mais tarde. Havia algo profundo no coração de mamãe que desejava se conectar com Deus, mas ela ainda não sabia o que fazer com isso.

Vamos avançar seis anos. Ela está casada com meu pai e um dia ele vem para casa, voltando do seu turno no campo, cheio de empolgação. Meu pai contou à minha mãe que havia acabado de ter um encontro maluco com Jesus! Esse mesmo Jesus que opera milagres, que capturou o coração dela através de um panfleto evangelístico seis anos atrás! Mamãe estava muito aberta para ouvir o que ele tinha a dizer!

Papai descreveu ansiosamente a história toda. E enquanto ele compartilhava sobre a visão que tivera com Jesus, alguém bateu à porta.

Normalmente, meu pai não abriria a porta para estranhos. Na verdade, ele dizia a batedores de portas aleatórios, especialmente pessoas que seguravam uma Bíblia, para onde eles deviam ir! Mas nesse dia já estranho, meu pai decidiu abrir a porta e... era um pastor cristão! O pastor disse a meu pai que estava na área, batendo nas portas, para perguntar se alguém tinha interesse em fazer um estudo bíblico. Mamãe e papai convidaram imediatamente o pastor para entrar e eles começaram a estudar a Palavra de Deus! Daquele dia em diante, o pastor vinha à nossa casa uma vez por semana para estudar a Bíblia com meus pais.

Quando criança, lembro-me de ter sido conectado à igreja. Tenho lembranças de reuniões de oração e de meus pais liderarem o louvor para as equipes de música. Foram tempos divertidos!

ACENDA A DINAMITE*

Por um longo tempo, mamãe e papai frequentaram e serviram em sua igreja local, em uma cidade chamada Cranbourne, na Austrália. Também por volta dessa época, eles começaram a ir aos cultos noturnos do campus principal em uma cidade vizinha chamada Dandenong. A igreja foi plantada por um incrível ministro chamado Tim Hall, e seus cultos eram insanos! O poder explosivo era liberado naquelas reuniões; os doentes eram curados, demônios eram expulsos, milagres fluíam, e meus pais foram batizados no Espírito Santo! Havia uma forte ênfase no evangelismo, e as pessoas vinham direto das ruas para a igreja e eram salvas! Na verdade, meus tios e tias também começaram a ser salvos e batizados no Espírito Santo nesses cultos. Foi realmente um tempo impactante na vida da minha família! Mesmo quando criança, eu ia com meus pais a todas as reuniões de oração e experimentava o poder do Espírito Santo.

No entanto, nenhuma igreja é perfeita e, às vezes, as pessoas cometem erros terríveis. Infelizmente, meus pais se machucaram por causa de algumas coisas sérias que estavam acontecendo na igreja local em Cranbourne. Mamãe e papai estavam nessa jornada há sete anos e eu tinha em torno de dez anos. A igreja se dividiu e meus pais ficaram um tanto desiludidos e desanimados. Como família, começamos a procurar por uma nova igreja, mas nada parecia se encaixar. Na época, Tim Hall havia se mudado de Dandenong e eles lutavam para encontrar um novo lugar para chamar de casa. Ou talvez mamãe e papai estivessem tentando apaziguar a mágoa que sentiam. De qualquer forma, passaram-se semanas, meses e anos, e não fomos mais à igreja.

Lentamente, o inimigo começou a atacar nossa família e acabamos caindo no terreno do engano. É isso o que minha família descreveria como tempo de deserto. Eles haviam virado as costas para a igreja, mas felizmente não viraram as costas completamente para Jesus. Mamãe e papai lembram que ainda oravam de vez em quando, mas, como família, não tínhamos mais comunhão com outros cristãos nem recebíamos sua influência, e não líamos e estudávamos mais a Bíblia.

Como criança entrando na pré-adolescência e em seguida na adolescência, não ter qualquer influência cristã foi bastante devastador. Comecei a trilhar um caminho bem sombrio. Especialmente depois de formar uma banda por volta dos 16 anos. Não demorou muito para minha banda decolar e, quando cheguei aos 18 anos, estávamos tocando em todas as casas noturnas populares da nossa cidade. Inclusive várias gravadoras tentaram fechar contrato conosco. É estranho, mas eu havia me apaixonado pela música dentro da igreja. Quando menino, vi meus pais fazerem parte dos grupos de adoração e foi aí que realmente comecei a amar a música. Assim como meus pais, Deus também me deu um dom musical, mas, quando adolescente, comecei a usar esse dom para propósitos pervertidos e me tornei o que descrevo agora como "o líder da adoração ao diabo". Influenciei pessoas para as coisas sombrias: drogas, álcool, e outros desvios de conduta. Foi bem devastador para a minha família. Rapidamente saí do controle e fiquei obcecado por velocidade, cocaína, ecstasy, maconha — na verdade, fiquei viciado em qualquer coisa que pudesse colocar em meu corpo.

Por volta dessa época, fui introduzido ao lado obscuro e demoníaco das coisas. Sei agora que as drogas não são um novo chamariz ou estratégia do diabo. Na verdade, os pagãos usam as drogas para acessar o mundo espiritual há muito tempo. O livro de Apocalipse na Bíblia usa uma palavra chamada "feitiçaria". A palavra grega original usada na Bíblia para "feitiçaria" é *pharmakeia*,[1] e é também de onde tiramos a nossa palavra "drogas". Então, drogas e bruxaria estão de fato intimamente associadas. As drogas que alteram a mente do indivíduo são uma maneira de as pessoas conseguirem acessar o reino espiritual, consciente ou inconscientemente. Esses tipos de drogas abrem portas e dão acesso aos espíritos demoníacos na vida das pessoas, e foi isso o que aconteceu comigo. Iremos desenvolver mais o tema em nosso capítulo *Demônios e Libertação*.

Conforme fui mais fundo no reino das trevas, me tornei mais e mais *oprimido* por demônios, até que finalmente me entreguei por inteiro e passei a estar *possuído* por demônios. Os médicos e as pessoas à minha volta descreviam o que estava acontecendo comigo como esquizofrenia paranoica e bipolar. Eu estava tendo experiências sombrias malignas. Em certo momento, pensei que estivesse me comunicando com parentes mortos, quando na verdade, eles eram espíritos familiares demoníacos. As coisas fugiram tanto do controle que até meu fornecedor de drogas estava assustado. Pessoalmente, não tenho muitas memórias claras desse período. No entanto, meus pais lembram de uma vez que tive uma overdose e o traficante ligou para os meus pais dizendo: "Venha buscá-lo, não quero que ele morra aqui".

Eu estava totalmente fora de controle e não havia nada que pudesse me curar. Não havia psicólogos. Não havia psiquiatras. Não havia medidas de "autoajuda" que pudessem me tirar daquela situação — e mamãe e papai sabiam disso. Eles perceberam que somente o poder dinamite de Deus que opera milagres poderia me salvar. Então, eles começaram a orar, orar, orar! E sabe de uma coisa? As orações começaram a funcionar! Não há nada mais poderoso do que pais que oram! Sou absurdamente grato pela persistência deles na batalha espiritual por minha alma. Sem meus pais combatendo em oração, acredito realmente que eu estaria no inferno. Lembro que, em certa ocasião, estava consumindo drogas havia três dias. É engraçado, mas minhas memórias daquela época não são claras devido ao alto consumo de narcóticos e à falta de sono. Mas eu me lembro disso como se fosse ontem. Estava acordado havia três dias e me recordo de estar em frente ao gramado de nossa casa. Olhei para ver meus vizinhos e seus dois filhos saindo em direção à caixa de correio. Eles estavam tão animados e felizes juntos. Havia algo muito puro em ver essa família ficar tão empolgada para pegar a correspondência. E no meio do meu caos induzido pelas drogas, tive um momento de clareza. Um nítido pensamento perfurou minha mente e eu me perguntei: *Como é que eu me tornei este caos?*

Deus então trouxe à minha memória como a vida tinha sido quando eu era uma criança indo aos cultos de oração. De repente, ouvi o que pareceu ser uma voz interna que tremeu minhas bases. Deus falou comigo claramente: "Se quiser sair dessa, você precisa voltar para a igreja".

Naquele momento, eu não sabia que meus pais estavam orando fervorosamente por mim. Eles haviam ligado para um pastor local e outros membros da família para pedir que os ajudassem a orar em volta da casa em que eu estava morando. Meus pais declaravam a verdade e destruíam fortalezas no mundo espiritual! Eles assumiram sua autoridade em Cristo e travaram uma batalha de oração contra o inimigo pela minha alma! Creio que foi naquele momento de clareza, quando ouvi a voz do Senhor, que suas orações foram respondidas. Essa voz me chacoalhou tanto, que pouco tempo depois decidi ir a uma igreja local!

Como mencionei, não sabia que meus pais haviam telefonado para um pastor a fim de orar com eles por minha salvação. Mas adivinhe! Fui a uma igreja cujo pastor era Frank Clancy, o mesmo que se juntou aos meus pais para orar por minha salvação! O mesmo pastor que, até hoje, é meu mentor e até um dos colaboradores deste livro!

Foi na igreja do pastor Frank que fui sacudido pela primeira vez com o poder do Espírito Santo e liberto de demônios e do vício em drogas. Naquele dia, encontrei o poder dinamite de Deus que opera milagres! Todas as minhas correntes foram quebradas e experimentei uma alegria e inocência que jamais conhecera antes. O ano era 2003, e nunca mais fui o mesmo! Daquele momento em diante, me apaixonei por Jesus e por Sua Igreja. Sabia que o meu destino e propósito era servir a Jesus e à Sua Igreja, e ajudar outras pessoas a encontrarem o mesmo poder que havia me libertado.

Minha vida renasceu no poder dinamite de Deus. Creio que esta é uma das razões pelas quais sou tão apaixonado por este assunto hoje. Nada mais pode libertar alguém verdadeiramente! É apenas o poder de Cristo. Acho bem apropriado que meu primeiro livro seja sobre o poder de Deus que opera milagres. Se não fosse pelo poder dinamite de Deus, eu estaria morto e no inferno!

Como disse anteriormente, sou muito grato pela oração dos meus pais! Realmente não há nada mais poderoso do que pais que oram! Também quero agradecer a eles por terem me ensinado os caminhos de Deus. A minha vida é um testemunho da promessa em Provérbios 22:6: "Ensina a criança no caminho em que deve andar, e, ainda quando for velho, não se desviará dele".

Sou muito grato a Jesus. Sou muito grato por Ele ser o mesmo ontem, hoje e para sempre. Ele ainda liberta os cativos, ainda quebra as correntes, ainda expulsa demônios. O Seu poder ainda é ativo para operar sobre os doentes e curá-los!

Essa é a minha jornada — como vim a conhecer Aquele que nos traz para fora do reino das trevas e nos leva para dentro do Reino de Sua maravilhosa luz. Amém.

A VIDA A PARTIR DA SALVAÇÃO

Uma vez salvo em 2003, continuei a entregar radicalmente a minha vida a Jesus Cristo. Deus estava me redimindo e me livrando do caos promovido pelas drogas e pelos demônios. Foi nessa época do meu encontro com Deus que nossa banda ficou muito popular e estava à beira de fechar um contrato de seis dígitos! No entanto, uma vez que eu era nascido de novo, comecei a escrever canções que expressavam a afeição que eu sentia por Deus. Isso realmente incomodou o empresário do nosso grupo. Então, um dia, ele pediu uma reunião, sentou-se conosco e disse: "Essa indústria é cheia de traficantes e cafetões. Se você quiser mais capitais investidos na banda, pare de falar sobre Jesus e pare de cantar sobre Deus".

Mas era tarde demais; eu estava apaixonado demais por Jesus e não havia jeito de eu voltar àquela vida de fragilidade e devassidão! Imediatamente, virei as costas para o chamariz da fama e da fortuna. Eu havia encontrado minha nova paixão: conhecer o Pai e torná-lo conhecido às nações. Rapidamente reconheci a necessidade urgente de compartilhar a mensagem vivificante de Cristo com quem quisesse ouvir. Buscar o coração de Deus vai muito além de qualquer riqueza que o mundo poderia me oferecer. A Bíblia diz: "Que aproveita ao homem ganhar o mundo inteiro e perder a sua alma?" (Marcos 8:36).

Através da minha igreja local, comecei a liderar equipes de cristãos comuns para irem às ruas pregar o Evangelho. Declarávamos abertamente a mensagem vivificante de Cristo e demonstrávamos Seu amor através do poder dinamite de Deus que opera milagres! No passado, fui o líder da adoração ao diabo, mas agora eu estava liderando o ataque para recuperar almas para o Reino de Deus.

ACENDA A DINAMITE*

Em 2008, Deus me deu uma linda esposa, Chelsea, que é profundamente apaixonada por Jesus! Juntos, fomos liberados para ir e plantar igrejas. Chelsea e eu gastamos nossas vidas plantando igrejas na Austrália juntamente com nossos quatro filhos maravilhosos.

Além de plantar e supervisionar igrejas na Austrália, também tive a fantástica oportunidade de pregar sobre Jesus e acender a dinamite em mais de trinta nações pelo mundo. Vi milhares e milhares de pessoas salvas, curadas e libertas! Ainda fico impressionado com o fato de Deus pegar uma vida completamente caótica e transformar em algo lindo!

Em 2014, juntei-me ao meu melhor amigo, Ben Fitzgerald, e ajudei-o a lançar a Awakening Music. No passado, usei meu dom como músico para o inimigo, mas agora estava usando meu dom para a glória de Deus! Eu estava liderando o louvor em um dos maiores eventos evangelísticos da atualidade. Lembro-me de que, quando adolescente, já havia iniciado como músico de banda e sonhava em tocar em grandes arenas e estádios em todo o mundo. Quando fui salvo, porém, estava disposto a desistir de tudo aquilo porque meu coração queria buscar apenas a vontade de Deus. É engraçado como anos mais tarde eu tive a oportunidade de viver aquele sonho adolescente. A diferença era que, dessa vez, não era para um propósito vazio e volúvel: era para a glória de Deus e para ver milhares de pessoas receberem a Jesus Cristo como Senhor e Salvador!

Nos capítulos seguintes, escolhi compartilhar a maioria das histórias dos milagres que vivi desde o começo da minha caminhada com Cristo. Meu desejo é que cada leitor seja inspirado e equipado a operar no poder dinamite de Deus. O poder dunamis por trás das histórias deste livro é para todos os cristãos cheios do Espírito.

Não importa se você é um cristão recém-convertido, se segue a Jesus há trinta anos ou se está na liderança há muito tempo, esse poder está disponível para você neste momento! Deus o chama para acender a dinamite agora mesmo!

Capítulo 2

O Empoderamento
DO ESPÍRITO SANTO

ACENDA A DINAMITE*

> Mas recebereis poder, ao descer sobre vós o Espírito Santo, e sereis minhas testemunhas tanto em Jerusalém como em toda a Judeia e Samaria e até aos confins da terra.
>
> — Atos 1:8

Não estamos vivendo uma vida natural, mas sim uma vida *sobrenatural*. Nascemos de novo e agora temos essa substância sobrenatural que habita dentro de nós — o poder que recebemos quando o Espírito Santo vem sobre nós.

Jesus disse: "*Mas recebereis **poder**, ao descer sobre vós o Espírito Santo*" (Atos 1:8, grifo nosso). A palavra *poder* carrega um significado. Na língua original grega koiné, a palavra poder é *dunamis*.[2] Significa literalmente "poder que opera milagres ou poder explosivo". É, na verdade, de onde vem a palavra *dinamite*. Daí o título do meu livro: *Acenda a Dinamite*!

Em Atos 1, Jesus instrui Seus discípulos a esperarem até que recebessem esse poder antes de irem pregar o Evangelho às nações. Isso porque a natureza e o objetivo do poder *dunamis* é ajudar os cristãos a serem testemunhas de Cristo. Ainda podemos alcançar resultados somente com a Palavra, mas não teremos o mesmo impacto para Jesus e Seu Reino a menos que sejamos cheios do Seu poder, como descrito em Atos 1:8.

Recebemos esse poder quando somos batizados no Espírito Santo. O batismo no Espírito Santo é diferente, podendo ocorrer em seguida à experiência de nascer de novo. Em outras palavras, você pode ter nascido de novo e ainda não ser batizado no Espírito Santo. Esse tipo de batismo é uma experiência secundária; não é essencial à sua salvação, mas certamente é vital para o seu discipulado e chamado. E esse empoderamento não é uma experiência única, mas um enchimento contínuo do Espírito! Como disse anteriormente, podemos alcançar resultados apenas com a Palavra, mas é o batismo no Espírito Santo que irá de fato acender o chamado de Deus em sua vida. Vamos analisar o exemplo de Apolo.

A MANEIRA MAIS FIDEDIGNA

Em Atos 18, lemos que havia um judeu chamado Apolo. Ele cria em Jesus e era um grande mestre da Palavra de Deus. A Bíblia nos diz ainda que, quando Priscila e Áquila estiveram com ele em Éfeso, chamaram-no à parte e lhe expuseram o caminho de Deus com mais exatidão (ver Atos 18:26). Anteriormente, Apolo entendia apenas do batismo de João. Sabemos, através dos Evangelhos, que João Batista batizava somente nas águas. No entanto, João proclamou: *"Eu, na verdade, vos batizo com água, mas vem o que é mais poderoso do que eu, do qual não sou digno de desatar-lhe as correias das sandálias; Ele vos batizará com o* **Espírito Santo e com fogo**" (Lucas 3:16, grifo nosso).

João está descrevendo o batismo no Espírito Santo, e essa foi maneira mais exata que Priscila e Áquila encontraram para explicar o fenômeno a Apolo. Depois disso, Apolo se tornou um grande líder da igreja primitiva. Agora, vamos olhar um exemplo mais recente, John G. Lake, cujo ministério de cura explodiu após ele receber o batismo no Espírito Santo.

JOHN G. LAKE

Historicamente, podemos ler sobre acontecimentos similares, em que poderosos ministros de Deus experimentaram uma profundidade maior em seus ministérios desde que foram batizados no Espírito Santo e acenderam a dinamite.

Um dos meus heróis da fé é John G. Lake. Ele orava pelos doentes e às vezes via as pessoas sendo curadas, mas ansiava pelo empoderamento e pelos dons do Espírito Santo.

Em uma tarde, Lake e seus amigos estavam ministrando a uma mulher que sofria de reumatismo inflamatório. Conforme Lake orava sentado do lado oposto ao da mulher, ele sentiu a presença de Deus descer sobre si. Correntes de eletricidade e poder começaram a percorrer seu corpo e ele falou em línguas pela primeira vez. Lake ficou em pé e, colocando as pontas dos dedos sobre a cabeça da mulher, rios de poder a inundaram, curando-a instantaneamente!

O poder que fluía através de Lake para a mulher era tão poderoso que seu amigo pegou na mão dela e foi derrubado ao chão! Lake descreveu esse evento como "uma reverberação de poder dinâmico", que atravessou seu corpo em direção ao corpo da mulher e foi para o corpo de seu amigo. Mais tarde, Lake descreveu seu batismo no Espírito Santo dizendo: *"Eu falava em novas línguas pelo poder de Deus, e Deus fluía através de mim com uma nova força. As curas eram de uma ordem mais poderosa"*.

Assim como "dinamite", a palavra *dinâmico* também deriva do grego koiné *dunamis*. John G. Lake reconhecia tanto a manifestação de línguas quanto a cura como vindas "de uma ordem mais poderosa", proveniente do poder dinâmico que reverberava através dele. Aqueles que foram batizados no Espírito Santo têm o mesmo poder dinâmico e explosivo dentro de si, esperando para ser ativado.

O ministério de John G. Lake levou um milhão de pessoas a Cristo, plantou seiscentas e vinte e cinco igrejas e treinou mil duzentos e cinquenta pregadores.[3] Além disso, por causa do seu ministério de cura, o governo dos Estados Unidos declarou sua cidade natal, Spokane, em Washington, como a cidade mais saudável da América.

BUSCANDO O BATISMO NO ESPÍRITO SANTO

Fui tremendamente impactado e inspirado pelas histórias de grandes homens e mulheres de Deus, tais como John G. Lake, que ensinaram o quanto é importante ser batizado no Espírito Santo e ser cheio desse poder sobrenatural.

Lembro-me de quando comecei a buscar a Deus para receber esse empoderamento do Espírito. Antes de ser casado eu morava com um amigo, e nós alugamos uma casa maior do que precisávamos, apenas para que pudéssemos separar um quarto para a oração. Éramos muito disciplinados — as únicas coisas que aconteciam naquele quarto eram oração e adoração. Não havia conversas um com o outro ou com qualquer outra pessoa. Eram apenas conversas com Deus. Foi nesse lugar que busquei ao Senhor para ser cheio do Espírito Santo de maneira completa e inquestionável. A palavra *batismo* significa ser completamente imerso,[4] e eu queria estar completamente imerso no Espírito Santo. Não queria ser somente a chama de um fósforo oscilante, mas alguém cheio do fogo consumidor de Deus (ver Hebreus 12:29).

Eu buscava a Deus em oração por horas e horas. Um dia, quando já estava há algumas horas na presença do Senhor, lembro que minhas orações foram respondidas. Pela fé, recebi o batismo no Espírito Santo e Deus me encheu! Todo o meu corpo estava tremendo e sacudindo, e comecei a falar na língua celestial. Foi tão sobrenatural! Meu amigo e eu sabíamos que eu não conseguiria inventar aquilo, mesmo se tentasse. Eu conseguia falar palavras tão rapidamente quanto fluentemente. Essa linda língua efervesceu e transbordou de mim. No meu coração, eu sabia que esse era o tipo de encontro no "estilo livro de Atos" que eu estava pedindo a Deus. Esse encontro durou bastante tempo e foi acompanhado de choro e risos de alegria.

Ao longo do mês seguinte, o poder da presença de Deus se manifestava repentinamente através do meu corpo como eletricidade, fazendo com que ele tremesse e sacudisse. Eu não sabia o que estava acontecendo; nunca havia experimentado nada parecido antes. Mas sabia que era resultado do meu encontro com o Espírito Santo, só não estava esperando que esses surtos incontroláveis insistissem por dias e até semanas. Era como se uma tomada tivesse sido ligada e o poder agora fluía através de mim em ondas; fazia literalmente com que meu corpo se contraísse e meu pescoço sofresse espasmos. Acontecia nas horas e nos lugares mais incomuns.

Certa ocasião, eu almoçava com líderes da empresa em que trabalhava, quando de repente senti o poder elétrico de Deus começar a se agitar dentro de mim. Disparos de eletricidade me atingiam, onda após onda. Isso tendia a acontecer sempre que eu dava mais atenção a Deus ou à Sua Palavra; o poder aumentava repentinamente através de mim. Meu pescoço começava a se contrair e havia espasmos em meu corpo sob a forte presença do Espírito Santo. Meus colegas olhavam para mim como se fosse a coisa mais estranha que eles já tinham visto! Nessa época da minha vida, muitas pessoas perguntavam "o que há de errado com ele?". Eu estava sob o poder do Espírito, tentando explicar que não havia nenhum tipo de problema comigo, eu só tinha encontrado Deus!

Eu usei essa experiência como uma oportunidade de compartilhar Jesus com essas pessoas, mas, para ser honesto, acho que algumas delas pensaram que eu estava maluco. E pelo fato de esse fenômeno ter durado tanto tempo, depois de três a quatro semanas o diabo começou a sussurrar em meu ouvido e a tentar invalidar o meu encontro. Ele tentava colocar medo em mim; sussurrava que essas ondas de poder estavam durando tempo demais e não poderiam ser da parte de Deus. O inimigo começou a me dizer que havia algo *de errado* comigo, que algo não ia bem com o meu sistema nervoso.

Mas Jesus disse que Suas ovelhas iriam reconhecer a Sua voz e não seguiriam a voz de estranhos (ver João 10:4-5). Eu tinha certeza de que aquele encontro era de Deus. Em Sua bondade, Deus estava me dando uma manifestação física para me lembrar que eu tenho o poder dinamite em meu interior — e para nunca mais duvidar da Sua presença e poder habitando em mim. Fico feliz em parecer um tolo diante do mundo, desde que eu tenha Jesus!

Depois dessa experiência, assim como aconteceu com Apolo e John G. Lake, meu ministério explodiu daquele momento em diante. Vi muitos encontros dinâmicos, inclusive milhares de curas e milagres e, mais do que tudo, milhares de almas salvas por todo o mundo. Glória a Deus! Seu poder dinamite é o mesmo hoje, ontem e para sempre!

Na verdade, este livro nunca teria sido escrito se não fosse por esse encontro com o Espírito Santo. Muitos dos testemunhos que você lerá aqui aconteceram depois desse encontro maluco e transformador no meu quarto de oração.

Quero terminar este capítulo dando-lhe cinco relatos bíblicos do batismo no Espírito Santo no livro de Atos. Se você ainda não recebeu o batismo no Espírito Santo, minha oração é que isso desperte a sua fé para receber esse poder dinamite.

OS CINCO BATISMOS DO ESPÍRITO EM ATOS

Da mesma maneira que a salvação é recebida através da fé, assim acontece com o batismo no Espírito Santo. Quando somos cheios do Espírito, recebemos acesso a todos os nove dons espirituais mencionados em 1 Coríntios 12:6-7. Depois de estudar relatos do batismo no Espírito Santo no livro de Atos, acredito que a evidência inicial dessa experiência é falar em línguas conforme o Espírito concede a cada um. Vamos olhar cinco relatos de quando as pessoas foram cheias com o Espírito Santo pela primeira vez:

1. O Cenáculo — Atos 2:1-4

> Ao cumprir-se o dia de Pentecostes, estavam todos reunidos no mesmo lugar; de repente, veio do céu um som, como de um vento impetuoso, e encheu toda a casa onde estavam assentados. E apareceram, distribuídas entre

> eles, línguas, como de fogo, e pousou uma sobre cada um deles. *Todos ficaram cheios do Espírito Santo e passaram a falar em outras línguas, segundo o Espírito lhes concedia que falassem.*

Nesse primeiro relato, vemos que todos os cento e vinte que estavam buscando a Deus foram cheios do Espírito Santo e falaram em línguas. Deus não escolheu um grupo seleto soberanamente em detrimento de outro. Deus não limitou essa manifestação sobrenatural a apenas cinquenta ou setenta pessoas. Toda pessoa que foi cheia com o Espírito Santo começou a falar em línguas conforme o Espírito concedia!

2. Paulo, o Apóstolo em Damasco — Atos 9:17-18

> Então, Ananias foi e, entrando na casa, impôs sobre ele as mãos, dizendo: Saulo, irmão, o Senhor me enviou, a saber, o próprio Jesus que te apareceu no caminho por onde vinhas, para que *recuperes a vista e fiques cheio do Espírito Santo.* Imediatamente, lhe caíram dos olhos como que umas escamas, e tornou a ver. A seguir, levantou-se e foi batizado.

Apesar de o autor de Atos não especificar que Paulo tenha falado em línguas nessa ocasião, sabemos pelo texto bíblico que isso aconteceu. Na verdade, Paulo mais tarde escreveu à igreja de Corinto afirmando que ele falava em línguas mais do que "todos vós" (1 Coríntios 14:18).

3. Filipe e a Cidade de Samaria — Atos 8:14-17

> Ouvindo os apóstolos, que estavam em Jerusalém, que Samaria recebera a palavra de Deus, enviaram-lhe Pedro

e João; os quais, descendo para lá, oraram por eles para que recebessem o Espírito Santo; porquanto não havia ainda descido sobre nenhum deles, mas somente haviam sido batizados em o nome do Senhor Jesus. Então, lhes impunham as mãos, *e recebiam estes o Espírito Santo.*

É interessante notar que podemos saber que houve alguma forma de manifestação externa quando Pedro e João oraram para que os samaritanos recebessem o Espírito Santo, pois o povo considerava Simão, o mágico, como um grande feiticeiro, e mesmo assim ele tentou comprar o poder de Deus de Pedro! Ele reconheceu que o batismo no Espírito Santo era muito maior do que qualquer poder demoníaco!

> Vendo, porém, Simão que, pelo fato de imporem os apóstolos as mãos, era concedido o Espírito [Santo], ofereceu-lhes dinheiro, propondo: *Concedei-me também a mim este poder, para que aquele sobre quem eu impuser as mãos receba o Espírito Santo.*
>
> — Atos 8:18-19 (grifo nosso)

4. A Família de Cornélio — Atos 10:44-46

> Ainda Pedro falava estas coisas quando *caiu o Espírito Santo sobre todos os que ouviam* a palavra. E os fiéis que eram da circuncisão, que vieram com Pedro, admiraram-se, porque também sobre os gentios foi derramado o dom do Espírito Santo; *pois os ouviam falando em línguas e engrandecendo a Deus.*

5. Paulo em Éfeso — Atos 19:6-7

> E, impondo-lhes Paulo as mãos, *veio sobre eles o Espírito Santo; e tanto falavam em línguas como profetizavam.* Eram, ao todo, uns doze homens.

Em todas essas cinco ocasiões, houve algum sinal externo, tal como o falar em línguas e a manifestação dos dons do Espírito. E o que se seguiu ao derramamento do Espírito, em todos os momentos, foi o avivamento e um aumento dos frutos no ministério.

Aprendi que o batismo inicial no Espírito Santo não se destina a ser algo isolado. Mesmo que alguém seja cheio da plenitude de Deus e batizado no Espírito, essa pessoa terá fome de que Deus a encha continuamente. Os relatos em Atos 4 são um grande exemplo disso:

> Tendo eles orado, tremeu o lugar onde estavam reunidos; *todos ficaram cheios do Espírito Santo* e, com intrepidez, anunciavam a palavra de Deus.
>
> — Atos 4:31

Os cristãos que foram cheios do Espírito Santo em Atos 4 são os mesmos cristãos que foram batizados no Espírito em Atos 2! Então, sabemos que há um derramar contínuo do Espírito Santo disponível àqueles que estão sedentos e famintos por isso.

Além disso, é importante notar que se os apóstolos precisaram esperar pelo poder do alto para se tornarem testemunhas até os confins da terra, quanto mais nós precisamos ser cheios do Espírito Santo e aprender a acender a dinamite que habita em nós?

É a fé que acende a dinamite. A razão pela qual este livro é importante para mim é o fato de que a fé vem pelo ouvir, e o ouvir pela

Palavra de Deus (ver Romanos 10:17, ACF). Creio que a leitura gradual deste livro — na medida em que desvendo as Escrituras junto com meus próprios testemunhos — será um ponto de ignição para acender a dinamite dentro de você. Minha oração é que você se apegue a isso e acenda a dinamite em cada esfera da sociedade, fazendo dela um estilo de vida, quando e onde quer que você vá.

Capítulo 3

Demônios
E LIBERTAÇÃO

ACENDA A DINAMITE*

Para muitos cristãos, a realidade do mundo demoníaco pode ser algo distante, como uma história bíblica fantasmagórica com pouca relevância para os dias atuais. Para mim, a verdade de que os demônios estão presentes e ativos no mundo de hoje tem sido evidente desde o dia em que tive um dos meus primeiros grandes encontros com o mundo espiritual, aos vinte e dois anos de idade. Por volta dessa época, como compartilhei na seção *Minha Jornada Até Cristo*, nossa banda havia decolado e estava tocando de quatro a cinco noites por semana em boates proeminentes. Logo descobri que o ambiente das boates era cheio de maldade. Fui seduzido por toda aquela indústria, incluindo drogas, imoralidade sexual e outros pecados repugnantes. Também fui completamente sugado pelo submundo criminoso. Como resultado, as drogas abriram algumas portas espirituais importantes para entidades demoníacas.

Drogas ilícitas que alteram a mente, feitiçaria e demônios estão ligados íntima e frequentemente uns aos outros, e assim tem sido por milhares de anos. Em Apocalipse 22:15, a Bíblia alerta que os "feiticeiros" ou aqueles que praticam artes mágicas não herdarão o Reino de Deus. Curiosamente, a palavra original em grego para *feiticeiro* é *pharmakos*, a mesma palavra grega de onde se derivam as palavras "medicamento" ou "drogas".[5]

Não quero dizer com isso que todas as drogas sejam feitiçarias. Hoje, temos medicamentos que podem ser bons e úteis para o corpo humano. No entanto, os pagãos têm usado drogas que afetam a mente, por milhares de anos, para acessar o mundo demoníaco. E, infelizmente, foi isso que comecei a fazer.

Lembro que a minha primeira experiência demoníaca foi muito esquisita. Eu era músico e compositor na época. Sentei-me, um dia, tentando escrever a letra para uma melodia, quando de repente algo começou a pegar a minha mão, e então comecei a escrever frases aleatórias. Eu sabia que não era eu escrevendo; sabia que aquilo era sobrenatural. Isso é algo bem conhecido na Nova Era como *"escrita automática"*. Uma entidade demoníaca tomou conta do meu corpo e começou a usar minha mão para escrever a letra daquela música. Depois de três quartos da página preenchidos por meio da escrita automática, lembro-me de ter pensado: *Será que isso é Deus?*

Pensamentos e memórias de quando era criança aprendendo sobre Jesus na Escola Bíblica Dominical começaram a inundar minha mente. E, naquele momento, quando estava pensando sobre Deus, a escrita automática parou repentinamente, terminando nesta frase: "Sua crença no alto o levou à ruína".

Olhando para trás agora, posso ver a batalha espiritual que estava acontecendo naquele momento. Jesus estava lá, mesmo em meu pecado, lutando por mim, enquanto o diabo tentava me atrair a um poço mais profundo e mais escuro. Entristece-me dizer que esse encontro não me levou de volta para Jesus. Na verdade, fui seduzido a ir ainda mais fundo para o lado sombrio. Basicamente, os demônios querem causar destruição e arrastar as pessoas para o inferno. No entanto, eles também tentam nos seduzir e enganar de qualquer forma que puderem para nos afastar de Jesus, às vezes até se disfarçando de anjo de luz (ver 2 Coríntios 11:14).

Depois dessa experiência, lembro que comecei a acreditar em um engano demoníaco. Comecei a crer que ambos, Deus e o demônio, tinham tanto o bem quanto o mal em si. Acreditei que o relacionamento deles já foi igual ao dos meus pais. Eles começaram bem, mas terminaram em divórcio. O diabo estava me pedindo para tomar uma decisão sobre em qual lado eu estava.

Fui tão fundo em meu engano que não demorou muito para eu não estar somente oprimido por demônios, como completamente possuído por eles. Eu estava totalmente fora do controle. Chegou ao ponto de as pessoas à minha volta, inclusive médicos, pensarem que eu estava me tornando um esquizofrênico paranoico. No entanto, minha condição não era clínica, e sim espiritual. Nenhum médico ou remédio poderia me salvar. Havia somente uma cura para mim, e era a libertação através do poder de Jesus Cristo!

Vou contar mais sobre a minha história de libertação mais adiante neste capítulo, mas quero trazer um pouco de entendimento bíblico sobre o diabo e seus demônios primeiro.

O QUE SÃO DEMÔNIOS?

Demônios são espíritos maus, servos do mal, que tiveram um lugar no Céu na condição de anjos. Em Apocalipse 12:7-9, a Bíblia descreve uma guerra que aconteceu no Céu. Miguel, o arcanjo, lutou contra Lúcifer (Satanás) e seus anjos e os expulsou. Um terço dos anjos perdeu seu lugar no Céu e se tornou o que conhecemos como espíritos demoníacos ou demônios. Por mais que o diabo adoraria que acreditássemos que ele é semelhante ou igual a Deus, a verdade é que ele não é e jamais foi.

É importante entender que Deus não criou os demônios, no sentido de que não era Sua intenção que demônios existissem. Deus criou todos os anjos, mas um terço dos anjos escolheu seguir a Satanás em sua rebelião contra Deus. Portanto, a natureza deles se tornou distorcida e perversa. Não foi da vontade de Deus, porém, que isso acontecesse porque Ele não é o autor do mal. Lúcifer é o autor do mal, que não é o único demônio, mas é o principal.

A Bíblia descreve Lúcifer como tendo sido o *"querubim ungido"*, coberto com *"todas as pedras preciosas"* (ver Ezequiel 28:13-15). E assim como os querubins que cobriam a Arca da Aliança (Êxodo 25:18-21), seu papel era ser uma cobertura para a glória de Deus (ver Ezequiel 28:13-15). Essa era uma posição de verdadeira honra. A palavra hebraica original usada para descrever a cobertura de Lúcifer era 'הַפֹּסֵךְ' que é transliterada como *mᵊsukâ*, que significa *guarnição* ou cobertura decorativa.[6] Então, Lúcifer era vestido com todas as pedras preciosas imagináveis e, como se não bastasse, ele ainda cobria a glória do Senhor.

Acredito que a glória do Senhor era refletida na vestimenta de Lúcifer, fazendo com que raios de luz e cores fenomenais emanassem das pedras preciosas. Uma das únicas coisas terrenas que posso pensar em relacionar com isso seria o arco-íris mais vibrante que podemos imaginar — raios de luz que causariam o mais surpreendente espectro de cores. Mas, para ser honesto, não há nada na terra que possa ser comparado à glória de Deus.

Quando os anjos olhavam para Lúcifer, ele acreditava que era a sua própria glória que estavam vendo, e começou a pensar demais sobre ele mesmo. Em vez de devolver o louvor para Deus, Lúcifer começou a cair no orgulho e a pensar que poderia ser igual a Deus. Ele se esqueceu de que era a glória do Senhor que o fazia brilhar, e que foi Deus quem o criou com aquelas características.

A Bíblia nos conta que Lúcifer era perfeito até que se achou iniquidade nele: *"Perfeito eras nos teus caminhos, desde o dia em que foste criado até que se achou iniquidade em ti"* (Ezequiel 28:15). Então, através do seu orgulho e livre-arbítrio, Lúcifer liderou um terço dos anjos em uma rebelião contra Deus. Isso foi devastador para toda a Criação, pois deu início ao mal. Nesse momento, Lúcifer tornou-se o diabo, o pai da mentira (ver João 8:44) e o autor do mal, cuja missão é matar, roubar e destruir (ver João 10:10).

Agora que sabemos o que são os demônios, vamos focar no que eles fazem. Uma das maneiras pelas quais os demônios tentam trazer a destruição é usando vasos humanos. Eles procuram por um vaso que possam influenciar, e até possuir, para executar seus trabalhos de destruição.

OPRESSÃO *VERSUS* POSSESSÃO

Ao longo dos anos, me perguntavam com frequência sobre a diferença entre alguém estar oprimido e possuído por demônios.

Com certeza há diferença. Falando de maneira simples, opressão seria como um ataque externo na mente, vontade, emoções ou no corpo de um ser humano. No entanto, ser possuído significa que o diabo tomou o controle do homem interior — ou espírito — de uma pessoa. Ser possuído significa que o demônio, ou demônios, fixaram residência dentro do seu espírito. Deixe-me desenvolver isso um pouco mais.

Opressão de demônios é algo que todo ser humano enfrentará, ainda que não perceba. Sejam cristãos ou não cristãos.

Demônios são entidades no mundo invisível que tentam tornar a vida das pessoas um inferno na terra. Seu papel maléfico é trazer opressão, o que pode vir de diversas formas, tais como depressão, ansiedade, medo, confusão, doença, e até pensamentos suicidas — para citar alguns.

É por isso que os cristãos precisam tomar conhecimento de sua autoridade em Cristo. Precisamos aprender a combater as ciladas do diabo contra nós. A Bíblia diz: "*Sujeitai-vos, portanto, a Deus; mas resisti ao diabo, e ele fugirá de vós*" (Tiago 4:7). A verdade é que demônios têm medo de cristãos verdadeiros que conhecem a autoridade de Cristo sobre suas vidas.

A Bíblia também nos ensina em Efésios que podemos tomar o escudo da fé e extinguir os dardos inflamados do diabo. Os demônios tentam insultar e oprimir os cristãos, mas na verdade eles não têm autoridade sobre nós. Eles têm de fugir. O diabo está sob nossos pés. Jesus já destruiu o poder das trevas e "*maior é aquele que está em vós do que aquele que está no mundo*" (1 João 4:4).

Quando o assunto é *possessão* demoníaca, apenas a pessoa que não é cristã precisa temer. Normalmente, ocorre quando alguém permanece continuamente nas sombras do pecado. Comecei a ser possuído por demônios depois que me envolvi com a prática da magia negra, junto com o uso de drogas e atos sexuais repugnantes. Lembro-me de submeter minha vontade a esses espíritos demoníacos e eles tomarem conta do meu espírito. Devido ao pecado, dei-lhes autoridade e uma porta aberta para exercerem domínio e posse sobre mim. Isso, para mim, foi muito mais destrutivo e perigoso do que outros ataques opressivos externos que sofri anteriormente.

Os cristãos, no entanto, não precisam temer a possessão. Seres humanos são feitos de três partes diferentes: corpo, alma e espírito. Ao passarmos pelo novo nascimento, nossos espíritos são feitos de novo! A Bíblia diz: *"E, assim, se alguém está em Cristo, é nova criatura; as coisas antigas já passaram; eis que se fizeram novas"* (2 Coríntios 5:17). O Espírito Santo fundiu-se ao nosso próprio espírito, e agora somos novas criaturas! Então, um demônio não consegue possuir o espírito de um cristão.

A única maneira possível de um demônio ganhar controle sobre o espírito de um cristão é se este decidiu continuar pecando ou voltou a um pecado habitual, sem arrependimento, e decidiu abandonar a fé. Ao entristecer o Espírito Santo e tirá-lo do íntimo de seu coração, ele perde a salvação e dá direito legal às entidades demoníacas para possuírem seu ser.

No entanto, alguém que está andando nos caminhos de Deus não tem nada a temer. Nada pode nos separar do amor de Deus (ver Romanos 8:38-39). Nenhum demônio no inferno, nenhum principado sobre qualquer nação, nenhum espírito demoníaco pode possuir um cristão nascido de novo e cheio do Espírito.

LIBERTAÇÃO NA SALVAÇÃO

Agora que examinamos o que são os demônios e o que eles fazem, vamos à parte que mais importa do capítulo. Como podemos expulsar os demônios e ver as pessoas libertas?

Primeiro, a melhor maneira de ver alguém liberto é ajudá-lo a ser salvo. A palavra *salvação* no grego koiné original é *soteria*.[7] Significa literalmente curado, liberto e perdoado. De forma mais específica, essa palavra refere-se à cura física, libertação espiritual de espíritos demoníacos e perdão do pecado. Quando o Espírito Santo entra na vida de um novo convertido, os demônios não conseguem ficar por perto. Eles têm medo de Jesus. Às vezes, a libertação pode acontecer sem muito rebuliço após a salvação, mas outras vezes os demônios podem tentar resistir ao que está acontecendo. Também é importante garantir que a pessoa seja salva ao ser liberta de espíritos demoníacos. Se a pessoa não for cheia do Espírito Santo, a Bíblia ensina que mais sete espírito malignos voltarão, e a pessoa ficará ainda pior do que antes.

> Quando o espírito imundo sai do homem, anda por lugares áridos procurando repouso, porém não encontra. *Por isso, diz: Voltarei para minha casa donde saí. E, tendo voltado, a encontra vazia, varrida e ornamentada. Então, vai e leva consigo outros sete espíritos, piores do que ele, e, entrando, habitam ali; e o último estado daquele homem torna-se pior do que o primeiro. Assim também acontecerá a esta geração perversa.*
>
> — Mateus 12:43-45 (grifos nossos)

Quando entreguei minha vida a Jesus, recebi uma grande libertação de muitos demônios e fortalezas malignas. No entanto, passei por um processo antes de receber a libertação completa. Foi somente quando confessei meu pecado à minha mãe que o último demônio saiu da minha vida.

Como mencionei anteriormente neste capítulo, eu estava envolvido em coisas más e perversas. Desenvolvi um amor e uma curiosidade pelo submundo do crime e me sentia particularmente atraído por drogas. Eu também odiava a polícia.

Lembro-me da primeira vez que tentei confessar isso à minha mãe e o demônio não deixava. Era um espírito de ilegalidade que tinha suas garras em minha vida, mexendo os pauzinhos e me controlando. Ele trancou a minha boca para que eu não pudesse falar. Foi uma experiência bem maluca para mim e minha mãe.

Mamãe chamou minha tia porque ela tinha certa experiência em libertação. Minha tia orou por mim pelo telefone e o demônio foi expulso.

Foi a confissão do meu pecado que trouxe o demônio à luz. O livro de Tiago fala sobre a importância de confessar nossos pecados uns aos outros, e não somente para Deus: *"Confessai, pois, os vossos pecados uns aos outros e orai uns pelos outros, para serdes curados. Muito pode, por sua eficácia, a súplica do justo"* (Tiago 5:16).

A confissão foi a chave para a minha libertação, assim como também foi o entendimento da minha tia sobre sua autoridade em Cristo. Ela simplesmente teve fé, acendeu a dinamite, e o diabo não teve escolha a não ser deixar a minha vida.

O ENDEMONINHADO GADARENO

Jesus expulsou muitos demônios em Seus três anos de ministério público. Um dos relatos mais famosos e notáveis foi o "Endemoninhado gadareno".

ACENDA A DINAMITE*

Quando foi à terra dos gadarenos, Jesus encontrou um homem possuído por um espírito impuro. Na verdade, tratava-se de uma legião. Ele era controlado por muitos demônios; eram tantos que ele tinha força sobrenatural. As pessoas na região tentavam acorrentá-lo porque tinham medo dele, mas não conseguiam mantê-lo preso. O homem quebrava os grilhões e as correntes com sua força demoníaca sobrenatural. E, aparentemente, nada no mundo natural poderia pará-lo.

A única resposta era o poder do Espírito Santo. A cidade descobriu isso quando Jesus veio e expulsou os espíritos malignos do homem.

A parte interessante dessa história é que Jesus falou com os demônios. Eles não queriam ser expulsos para os lugares áridos novamente. Então pediram a Jesus que os permitisse entrar nos porcos, e Ele atendeu ao pedido.

Quando li essa história pela primeira vez, fiquei pensando: *Por que Jesus se importava com o que eles queriam? Por que Ele os enviou aos porcos?*

Depois de alguns anos pensando sobre isso, meditando nisso e orando sobre isso, percebi que Jesus usou essa circunstância como sinal e maravilha para a cidade. O homem gadareno era notório na localidade como alguém que tinha força sobrenatural, vivia nos túmulos e andava despido. Ele era conhecido como um homem bem maluco. Então Jesus vem, expulsa os demônios do homem e os manda para os porcos. Assim que os demônios entraram naqueles animais, eles correram violentamente para a água e se afogaram.

É bom lembrar que aqueles que cuidavam dos porcos na época testemunharam todos os acontecimentos. Eles viram o homem gadareno voltando ao seu juízo, e viram os espíritos entrando nos porcos. Essas testemunhas sabiam, sem dúvida alguma, que Jesus havia acabado de fazer algo sobrenatural. Isso fez com que os que alimentavam os porcos fugissem; eles estavam com muito medo porque tudo o que ocorrera era estranho demais. Então foram e contaram a toda a cidade o que havia acontecido. Porque o homem gadareno era muito conhecido, isso serviu de sinal e maravilha sobre o poder de Deus para uma cidade inteira.

É isso que acontece quando expulsamos demônios; o indivíduo não é apenas liberto, como o episódio faz com que as pessoas se maravilhem com o poder de Deus.

Esse é um exemplo maravilhoso de libertação e também nos mostra que não se consegue combater o poder demoníaco com uma solução natural. Lutar contra demônios não pode ser algo realizado mediante força ou poder humano, mas apenas através do poder do Espírito Santo — apenas pelo poder *dunamis* que opera milagres e que habita os cristãos cheios do Espírito.

Agora, vamos nos concentrar em desvendar uma das chaves mais importantes quando se trata de ministrar libertação às pessoas.

ORAÇÃO E JEJUM

Aprender a expulsar demônios fazia parte da jornada de discipulado dos discípulos de Jesus. Vemos um exemplo disso em Marcos 9, onde o pai de um menino atormentado por um espírito maligno pediu aos discípulos para expulsarem o demônio de seu filho. Os discípulos não conseguiram fazê-lo, então o pai trouxe o menino a Jesus, e Ele o libertou.

Isso não aconteceu porque os discípulos não tivessem poder ou autoridade para expulsar o demônio. Os discípulos tinham tanto poder quanto autoridade, e eles estavam aprendendo a ministrar como Jesus. Quando perguntaram a Jesus o motivo de não conseguirem expulsar o demônio, Ele ensinou que *"Essa espécie só sai pela oração e pelo jejum"* (Marcos 9:29, NVI). Em outras palavras, Jesus estava dizendo que aquelas potestades só seriam expulsas pela fé. Você precisa de fé para acender a dinamite, e se tem dúvidas, então você não tem fé.

Quando oramos e jejuamos, realinhamos nosso foco em Deus e, ao fazê-lo, a dúvida em nossos corações é removida. Apenas precisamos de uma fé do tamanho de um grão de mostarda para fazer a obra. Vemos Jesus ensinando aos doze discípulos sobre a importância da oração e do jejum porque lhes foi comissionado expulsar demônios. Nesta próxima seção, vamos desvendar como essa comissão nunca se destinou a ser apenas para os doze discípulos, mas para todos os cristãos cheios do Espírito.

TODO CRISTÃO DEVE EXPULSAR DEMÔNIOS

Nos evangelhos, vemos claramente que Jesus não limitou Seu poder e Sua autoridade a um grupo seleto. Na verdade, em Lucas 10, Jesus expandiu Seu time de missionários: Ele somou setenta discípulos aos doze apóstolos, também dando-lhes o poder para expulsar demônios, como se vê no versículo 17, quando os setenta discípulos retornam a Jesus: *"Então, regressaram os setenta, possuídos de alegria, dizendo: Senhor, os próprios demônios se nos submetem pelo Teu nome!"*.

É interessante notar que, em resposta, Jesus de fato afirmou a autoridade deles sobre os demônios, mas também pontuou que a alegria dos discípulos deveria estar no fato de seus nomes estarem escritos no livro da vida do Cordeiro.

> Mas ele lhes disse: "Eu via Satanás caindo do céu como um relâmpago. Eis aí *vos dei autoridade para pisardes serpentes e escorpiões e sobre todo o poder do inimigo*, e nada, absolutamente, vos causará dano. Não obstante, alegrai-vos, não porque os espíritos se vos submetem, *e sim porque o vosso nome está arrolado nos céus*".
>
> — Lucas 10:18-20 (grifos nossos)

Aqui vemos claramente que essa autoridade para esmagar poderes demoníacos pertence àqueles cujos nomes estão escritos no Céu. Surpreendentemente, isso não era verdade somente para os doze ou setenta discípulos, mas Jesus incluiu todos os que cressem nele. Em Marcos 16:15-18, Jesus diz:

> Ide por todo o mundo e pregai o evangelho a toda criatura. Quem crer e for batizado será salvo; quem, porém, não crer será condenado. Estes sinais hão de acompanhar aqueles que creem: em meu nome, expelirão demônios; falarão novas línguas; pegarão em serpentes; e, se alguma coisa mortífera beberem, não lhes fará mal; se impuserem as mãos sobre enfermos, eles ficarão curados.

Jesus afirma que um sinal de alguém que crê é que ele expulsará demônios em Seu nome. Em Mateus 28:16-20, Jesus instruiu os doze discípulos a ir por todo o mundo e gerar novos discípulos, ensinando-os *"a guardar todas as coisas que vos tenho ordenado"*. Primeiro, Jesus enviou os doze apóstolos, e eles expulsaram demônios. Então, Ele enviou os setenta discípulos, e eles expulsaram demônios. Agora, Ele estendeu Sua comissão para todos os cristãos. É um ciclo de discípulos, e expulsar demônios faz parte do estilo de vida do discipulado.

A necessidade de expulsar demônios não mudou. Pelo contrário, a Bíblia diz que o diabo sabe que seu tempo é curto (ver Apocalipse 12:12). Ele está causando ainda mais estrago e sofrimento na tentativa de destruir o maior número possível de pessoas. É imperativo que entendamos a importância de expulsar demônios hoje mais do que nunca. Ser discipulados em acender a dinamite e assumir nossa autoridade como cristãos nessa tarefa específica é muito importante. É por isso que estou animado com este livro, e este capítulo em particular, porque precisamos que as pessoas entendam a importância de expulsar demônios.

Expulsar demônios pode ser muito simples: apenas fale com o espírito demoníaco e ordene que ele saia! Não precisamos ter medo ou nos assustar, porque é o Espírito Santo trabalhando através de nós para remover a entidade demoníaca.

Uma das melhores maneiras de aprender a expulsar demônios é ver alguém fazendo isso. Nesse caso, sou grato por meu amigo Ben Fitzgerald. Quando era novo convertido, eu o observava expulsando demônios na rua! Nos meus primeiros anos de fé, vimos incontáveis espíritos das trevas sendo expulsos.

Uma das minhas histórias favoritas de libertação aconteceu nas ruas de Frankston.

Um dia, Ben e eu estávamos à procura de uma oportunidade para compartilhar nossa fé. A região onde estávamos era conhecida pela sua taxa de criminalidade e abuso de drogas e álcool. Ben e eu íamos constantemente às ruas com os corações queimando para compartilhar o Evangelho, orar pelos doentes e expulsar demônios. Estávamos aprendendo a acender a dinamite e muito ansiosos para demonstrar o poder de Deus.

Nessa tarde em particular, decidimos ir à praia com nossas Bíblias e passar um tempo em oração. No caminho para lá, nos deparamos com um grupo de rapazes sentados à mesa bebendo. Eles eram caras abrutalhados, estavam cobertos de tatuagens e tudo indicava que estavam bebendo pesado, com garrafas de cerveja e um barril de vinho barato ao redor da mesa. Dava para perceber que seria arriscado mexer com aqueles rapazes. Talvez, para algumas pessoas, esse tipo de cena seria intimidadora ou desconcertante. Eles certamente estavam drogados, o que poderia tornar a abordagem ainda mais difícil.

No entanto, Ben e eu sabíamos que esses tipos de caras eram os que realmente precisavam ser alcançados. Jesus disse que Ele não veio para os justos ou para os sãos, mas para os doentes (ver Marcos 2:17). E, certamente, esses homens estavam doentes, presos por demônios e pelo alcoolismo. Estavam desesperados por Deus e não sabiam.

Então, fomos até esses homens de aparência bruta e perguntamos se podíamos nos sentar à mesa com eles para conversar. Eles viram as Bíblias em nossas mãos e perguntaram:

— O que vocês têm aí? Que livro é esse?

— É a Bíblia. Tudo bem se conversarmos um pouco com vocês sobre a Bíblia e Jesus? — dissemos.

Acabamos compartilhando nossas histórias e testemunhos com esses rapazes. Contamos a eles como saímos do vício das drogas, do alcoolismo e do cativeiro. No início da conversa, o que dissemos foi bem recebido. Na verdade, eles eram um pouco mais amigáveis do que aparentavam. Havia um rapaz em particular que se destacou para nós. Soubemos mais tarde que ele havia acabado de sair da prisão por homicídio culposo. Não sabíamos os detalhes do crime, mas estava claro que ele era um indivíduo violento. Enquanto conversávamos, um de seus amigos derrubou acidentalmente a última garrafa de cerveja de sua mão e ela se espatifou no chão.

O rapaz perdeu o controle.

Todos os amigos ali presentes sequer esperaram para ver o que iria acontecer em seguida. Eles sabiam o quanto ele era maluco, por isso saltaram de suas cadeiras e saíram correndo. Ben e eu fomos deixados sozinhos com esse homem enfurecido, e pensamos: *O que está acontecendo?*

O rapaz se levantou. Ben e eu também nos levantamos. Ele pegou uma faca e nos atacou. Podíamos ver o ódio em seus olhos; aquilo não era uma reação humana normal, e sim maligna.

O rapaz balançou a faca em nossa direção, mas errou o alvo, então, naquele momento Ben disse: "No nome de Jesus, amarro o demônio! Amarro o espírito de assassinato que está sobre você, no nome de Jesus!" (ver Mateus 18:18).

À medida que a frase "no nome de Jesus" saía da boca de Ben, foi como se algo estalasse dentro do rapaz. Toda sua hostilidade violenta congelou instantaneamente. Ben havia amarrado o demônio em nome de Jesus!

Meu amigo continuou: "E lhe ordeno, no nome de Jesus, que coloque a faca no lixo!".

Logo atrás da mesa onde estávamos sentados havia uma grande lixeira pública. Foi muito esquisito ver aquilo, porque podíamos perceber que o rapaz não fazia ideia do que estava acontecendo. De repente, ele obedeceu à ordem e colocou a faca no lixo! E daquele momento em diante, pudemos compartilhar o Evangelho com ele e expulsar o diabo de sua vida. Todos os seus amigos já estavam bem longe dali; era somente ele e nós. Por sua própria vontade, ele se ajoelhou e levantou as mãos, com lágrimas escorrendo de seus olhos e, em suas próprias palavras, começou a pedir a Jesus para perdoá-lo. Conduzimos sua oração à medida que ele pedia a Jesus para entrar em sua vida e que o perdoasse de seus pecados. Foi aí que soubemos que ele havia acabado de sair da prisão.

Em seguida, o levamos até a igreja local para conhecer o pastor e o encorajamos a permanecer conectado e plantado ali. Ele estava indo bem e continuou com sua fé em Jesus Cristo, e pouco tempo depois desse encontro, ele faleceu. Ficamos gratos por não permitir que a intimidação impedisse que o Evangelho fosse pregado; tivemos a nossa chance de compartilhar o Evangelho com ele e Jesus o salvou antes de sua morte.

Desde aquele tempo aprendendo com Ben nas ruas, até agora, já vi literalmente milhares de demônios saírem das pessoas em todo o mundo. Minha oração é que este capítulo o inflame a sair e orar por aqueles que estão aprisionados por demônios.

Capítulo 4

Discipulado
NA CURA

ACENDA A DINAMITE*

Jesus pretendia que saúde e cura divinas fizessem parte da vida cristã normal. Na verdade, saúde e cura divinas foram incluídas no próprio plano de salvação. Mas como podemos ver os doentes curados? Como podemos viver com saúde divina?

Esse assunto tem me interessado desde os primeiros anos da minha vida cristã. Pesquisei, estudei e pratiquei a cura divina por mais de dez mil horas nos últimos dezessete anos. Durante esse tempo, vi Deus curar literalmente milhares de pessoas por todo o mundo.

Lembro-me da minha paixão inicial como novo convertido, quando adquiri a série de DVDs *God's Generals (Generais de Deus)* e de assisti-los durante horas e horas por dia. Eu estava sendo inspirado por pessoas como Jack Coe, Kathryn Kuhlman, Smith Wigglesworth, John G. Lake e A.A. Allan, só para citar alguns. Essas pessoas eram "generais" do seu tempo, que conheciam seu Deus e faziam grandes proezas (ver Daniel 11:32). Por volta dessa época, decidi que a minha missão na terra seria viver assim. Como esses generais, eu queria submeter completamente a minha vontade e buscar primeiro o Reino de Deus e a Sua justiça (ver Mateus 6:33). Decidi dedicar minha vida a fazer parte de outro grande despertamento, que acredito ser o avivamento final e o último derramamento do Espírito antes da volta de Jesus.

Vamos começar este capítulo com o que creio ser a chave mais importante para acender a dinamite para a cura.

FÉ

A fé é essencial à vida cristã. Podemos ter o poder que opera milagres habitando dentro de nós, podemos ter dinamite, mas sem fé o pavio é molhado e a dinamite fica adormecida. A fé é como uma ignição, ou uma faísca, que acende a dinamite. É através da fé que temos acesso à cura e à saúde divinas. Através da fé, todos os cristãos podem verdadeiramente liberar cura a outras pessoas! A Bíblia diz em Marcos 16:15-18:

> E disse-lhes: Ide por todo o mundo e pregai o evangelho a toda criatura. Quem crer e for batizado será salvo; quem, porém, não crer será condenado. Estes sinais hão de acompanhar aqueles que *creem:* em meu nome, expelirão demônios; falarão novas línguas; pegarão em serpentes; e, se alguma coisa mortífera beberem, não lhes fará mal; *se impuserem as mãos sobre enfermos, eles ficarão curados.* (grifo nosso)

A Bíblia também diz em Tiago 5:15: "*E a oração da fé salvará o enfermo, e o Senhor o levantará; e, se houver cometido pecados, ser-lhe-ão perdoados*" (grifo nosso). É a oração da fé que salvará o enfermo!

Então, como ter fé? A Bíblia deixa muito claro: "*Consequentemente, a fé vem por se ouvir a mensagem, e a mensagem é ouvida mediante a palavra de Cristo*" (Romanos 10:17, NVI). Explicando de outro modo, para fazer a oração da fé, precisamos saber o que está em Sua Palavra a fim de que possamos orar de acordo com a Sua vontade. Meu coração está focado em equipar os cristãos a viverem todos os dias plenamente na fé, sabendo que já possuem autoridade e habilidade para destruir as obras do diabo. A doença é certamente parte das obras do diabo. A oração da fé é o que acende a dinamite para destruir doenças! Mas antes de falar mais sobre esse assunto de fé e cura sobrenatural, quero rapidamente destacar que nossos corpos são templo do Espírito Santo (ver 1 Coríntios 6:19), e é importante administrar e cuidar bem do nosso templo. Vida e dieta saudáveis e equilibradas são fundamentais.

E esse estilo de vida pode prevenir doenças e enfermidades. Deus é muito incrível! Nossos corpos podem ser curados e permanecerem saudáveis com o consumo de certos alimentos que Deus criou, e um estilo de vida que inclua atividades físicas provou ser uma ótima prevenção contra doenças e enfermidades. No entanto, tendo dito tudo isso, também é importante que entendamos que até a pessoa mais saudável do mundo ainda precisa absorver o conceito da fé para ter saúde e cura divina.

É A VONTADE DE DEUS CURAR

Não precisamos ter dúvidas quanto à vontade de Deus de curar os doentes porque Ele já deixou isso claro em Sua Palavra. Isaías 53:5 diz: *"Mas ele foi traspassado pelas nossas transgressões e moído pelas nossas iniquidades; o castigo que nos traz a paz estava sobre ele, **e pelas suas pisaduras fomos sarados**"* (grifo nosso).

Salmos 103:2-3 também diz: *"Bendize, ó minha alma, ao Senhor, e não te esqueças de nem um só de seus benefícios. Ele é quem perdoa todas as tuas iniquidades; **quem sara todas as tuas enfermidades**"* (grifo nosso). Esses são apenas alguns dos muitos versículos da Palavra de Deus que revelam o coração e a vontade do Senhor em relação à cura divina.

Permanecemos firmes nas promessas da Sua Palavra e oramos em fé. A oração da fé nasce quando conhecemos a Palavra de Deus e, por conseguinte, conhecemos Sua vontade. Olhamos para a vida de Jesus porque Ele é a imagem expressa e o exemplo perfeito de Deus o Pai (ver Hebreus 1:3). Quando lemos os evangelhos, podemos observar que em todo lugar onde Jesus esteve, Ele curou doentes. Por quê? Porque essa é a vontade do Pai. Também sei que a vontade de Deus não mudou e não muda! A Bíblia diz que *"Jesus Cristo, ontem e hoje, é o mesmo e o será para sempre"* (Hebreus 13:8).

Lembro-me de receber essa revelação estudando os evangelhos, quando eu era novo convertido. Com essa nova descoberta agitando meu coração, não pude deixar de sair e começar a colaborar com Jesus para ver as pessoas salvas, curadas e libertas.

Quando comecei a agir em fé para ver as pessoas serem curadas sobrenaturalmente, devo ter orado por pelo menos cem pessoas, mas vi apenas uma dor de cabeça curada! Por um tempo, me senti desencorajado e tentado a desistir, afinal, eu havia experimentado em mim mesmo o poder explosivo e curador de Deus. Ele me salvou radicalmente e me curou de uma vida de vícios em drogas e álcool. E mais ainda, a Bíblia está cheia de milagres. Eu sabia que se fosse reafirmar minha crença no que diz a Bíblia, eu não podia negar que Deus é um Deus que faz milagres.

Comecei a me aprofundar nas Escrituras e a meditar em Sua Palavra. Como mencionei acima, *"Consequentemente, a fé vem por se ouvir a mensagem, e a mensagem é ouvida mediante a palavra de Cristo"* (Romanos 10:17, NVI). Eu sabia que se quisesse ver os doentes curados, precisava crescer na fé. E essa é a mesma lição que Jesus ensinou aos Seus discípulos!

Em Mateus 17:14-21, havia um homem cujo filho estava possuído por um demônio. Essa possessão era tão intensa que os demônios faziam com que o menino tivesse convulsões, espumasse pela boca e até fizessem com que ele tentasse se matar. O homem havia levado seu filho para os discípulos de Jesus a fim de que eles o curassem, mas a situação permaneceu a mesma.

Quando o homem viu Jesus, contou-lhe sobre a condição de seu filho e de como os discípulos não conseguiram expulsar o demônio que havia se apossado dele. Jesus exclamou: "Ó geração incrédula e perversa! Até quando estarei convosco? Até quando vos sofrerei? Trazei-me aqui o menino" (Mateus 17:17).

Então, Jesus ordenou que os demônios saíssem do garoto, e ele foi completamente curado e restaurado!

Mais tarde, os discípulos perguntaram a Jesus, em particular, o motivo de não conseguirem expulsar o demônio. E o Mestre respondeu:

> Por causa da pequenez da vossa fé. Pois em verdade vos digo que, se tiverdes fé como um grão de mostarda, direis a este monte: Passa daqui para acolá, e ele passará. Nada vos será impossível. *[Mas esta casta não se expele senão por meio de oração e jejum.]*
>
> — Mateus 17:20-21 grifo nosso)

Amo o fato de Jesus não ter se esquivado de dizer a verdade, em amor, aos Seus discípulos. Quando lhes ensinou como curar doentes e expulsar demônios, Ele também os corrigiu, mostrando que o pensamento deles era sem fé e estava distorcido. Os discípulos não estavam agindo ou pensando por fé, então Jesus deu-lhes uma chave muito importante: *oração e jejum!* Na verdade, foi essa passagem tão didática de Jesus, em especial, que me inspirou na seguinte história.

Era o começo da minha vida cristã, e eu buscava romper na área de curar os doentes. Estava faminto para ver o poder dinamite de Deus fluir através de mim e impactar aqueles à minha volta. Nesse ponto da minha jornada, eu tinha visto somente alguns milagres acontecerem ocasionalmente. E, claro, como você já leu antes, minha vida é um milagre ambulante! Mas eu não tinha experimentado ainda um milagre notável em que eu impusesse pessoalmente minhas mãos sobre os enfermos e os visse curados. Eu havia testemunhado algumas faíscas de vez em quando, mas sentia que Deus queria acender Seu poder explosivo em minha vida. Como mencionei, li as palavras de Jesus em Mateus 17 e fiquei inspirado. Eu sabia o que precisava fazer!

Saí de férias do meu trabalho, comprei um fardo de água e dediquei uma semana à oração e ao jejum. Que tempo maravilhoso com o Senhor! Apesar de ter tido lutas na carne às vezes, foi um lindo período em que pude me aproximar ainda mais do coração de Deus. Por volta do final da semana, milagres era o assunto que ocupava a minha mente. Eu estava incendiado pela perspectiva de poder orar pelos doentes. No último dia do jejum que programei, precisei ir à minha agência bancária, então estava esperando conhecer alguém por quem eu pudesse orar enquanto resolvia meus problemas. Quando entrei no banco, meus olhos foram atraídos para um homem que tinha um dos braços sustentado por uma tipoia. Eu o reconheci da minha época de shows, antes de me tornar cristão! Iniciamos uma conversa e ele começou a me contar sobre sua lesão. Ele havia quebrado a clavícula enquanto praticava ciclismo de montanha. Os médicos haviam dito que levaria sete semanas para curar, mas ele já estava na terceira semana e sentia muita dor.

Perguntei-lhe se podia orar por ele. Ele respondeu que soubera que eu havia me tornado "crente" e concordou. Coloquei minha mão sobre ele e ordenei que seu ombro e braço ficassem completamente sãos no nome de Jesus! Meu velho amigo parecia surpreso; ele pensou que eu iria voltar para casa e fazer uma pequena oração antes de ir para a cama. Ele não estava esperando que eu orasse por ele bem ali no meio do banco!

Depois que orei por ele, dei-lhe meu número de telefone e fui fazer o que tinha de fazer no banco. No dia seguinte, recebi uma mensagem dele. Havia vários palavrões pesados que não quero repetir neste livro, e uma mensagem que dizia: "Não sei o que você fez, mas ontem à noite foi a primeira em semanas que dormi como um bebê, e hoje não sinto dor!".

A fé explodiu dentro de mim! Lembrei que a Palavra de Deus diz que "a vida e a morte estão no poder da língua" (ver Provérbios 18:21), então continuei a declarar cura sobre a vida do meu amigo. Respondi à mensagem da seguinte maneira: "Quero que saiba que não fui eu quem lhe curou. Foi Jesus! E veja o que vai acontecer: você será completamente curado e voltará a praticar ciclismo!".

Três dias depois, ele enviou novamente uma mensagem — sua clavícula estava completamente curada e ele havia voltado a praticar ciclismo!

Depois daquela experiência, as comportas da cura se escancararam e algo mudou. Senti como se tivesse sido despertado. Milagres não eram mais uma teoria esperançosa para mim, eles se tornaram meu padrão de expectativa. Depois daquele primeiro milagre, muitos outros se seguiram! Na verdade, cheguei a um ponto em que ficava mais surpreso se alguém não recebesse a cura do que se a recebesse!

A EXPIAÇÃO

Jesus pagou o preço final para que pudéssemos usufruir da cura divina e viver com saúde. A Bíblia deixa claro que a cura física está na expiação de Cristo. Isaías 53:5 diz: *"Mas ele foi traspassado pelas nossas transgressões e moído pelas nossas iniquidades; o castigo que nos traz a paz estava sobre ele,* **e pelas suas pisaduras fomos sarados**" (grifo nosso). Ao longo dos anos, notei que muitos cristãos não têm dificuldade em entender pela fé o fato de que Jesus foi ferido e crucificado na cruz pelo perdão e pela remoção das nossas transgressões. No entanto, os cristãos esquecem ou talvez não reconheçam que a mesma passagem de Isaías 53 diz: "... *pelas suas pisaduras fomos sarados*". Deus não quer que esqueçamos ou ignoremos esse benefício pelo qual Jesus pagou na cruz.

Alguns tentam argumentar que Isaías não estava falando sobre cura física, mas isso é incorreto. A palavra para *sarado* na língua hebraica original é *rapha*, que significa literalmente "curar" ou "reparar".⁸ Esse vocábulo certamente tem implicação na cura física, mas não está limitado a ela. Na verdade, um dos nomes de Deus é *Jeová-Rafá*. Êxodo 15:26 diz:

> Se ouvires atento a voz do Senhor, teu Deus, e fizeres o que é reto diante dos seus olhos, e deres ouvido aos seus mandamentos, e guardares todos os seus estatutos, *nenhuma enfermidade virá sobre ti,* das que enviei sobre os egípcios; *pois eu sou o Senhor,* que *te* sara [Rafá]. (grifo nosso; colchetes acrescentados)

Como você pode ver, o contexto imediato aqui tem a ver com cura física.

Se fizer um estudo da palavra *rafá*, você descobrirá que ela foi usada mais de sessenta vezes no Antigo Testamento. O uso dessa palavra, na maioria das vezes, descreve diretamente cura física! Algumas vezes, ela foi usada em alusão a um médico (ver Jeremias 8:22), e em outros casos referiu-se a uma cura metafórica, tal como cura da apostasia (ver Jeremias 3:22 e Oséias 14:4) ou a cura das águas (ver 2 Reis 2:21-22 e Ezequiel 47:8-9). Finalmente, deixe que eu lhe mostre algo no Novo Testamento que eliminará qualquer sombra de dúvida de que a cura física está incluída na expiação.

Mateus traz um comentário sobre Isaías 53:5 que torna a explicação completamente clara. É por isso que estudar a Bíblia por completo é tão importante, pois a Bíblia irá interpretar a própria Bíblia com frequência. Quando estudamos a Palavra de Deus dessa maneira, não há espaço para dúvidas ou para a nossa própria interpretação (ver 2 Pedro 1:20). Mateus 8:16-17 diz:

> Chegada a tarde, trouxeram-lhe muitos endemoninhados; e ele meramente com a palavra expeliu os espíritos e curou todos os que estavam doentes; para que se cumprisse o que fora dito por intermédio do profeta Isaías: Ele mesmo tomou as nossas *enfermidades* e carregou com as nossas *doenças*. (grifo nosso)

Como você pode ver, a Palavra de Deus revela explicitamente que a cura física está dentro do plano de salvação. É importante entender isso porque, como falamos, a fé vem por se ouvir a mensagem, e a mensagem é ouvida mediante a Palavra de Cristo (Romanos 10:17, NVI).

NOSSA AUTORIDADE

Quando comecei a orar pelos doentes, não entendia direito a autoridade que Deus havia me dado como cristão. Eu ainda estava aprendendo que discípulos de Cristo têm autoridade sobre os enfermos e poder sobre o inimigo. Mas, um dia, aconteceu algo muito interessante e que me mostrou que eu tinha autoridade para liberar o poder explosivo de Deus!

Não foi muito tempo depois da minha primeira experiência real com milagres (aquela da clavícula), que conheci um homem nas ruas de Botswana, África. Foi um encontro incrível! Compartilhei o Evangelho com ele, e ele entregou sua vida a Jesus!

No domingo seguinte, dirigi até sua casa e peguei-o para levá-lo à igreja. Depois do culto, lembrei-me de perguntar-lhe se havia gostado da reunião e se tinha perguntas sobre a pregação. Notei que, enquanto conversávamos, ele virava a cabeça de modo a posicionar sua orelha direita na minha direção. Fiquei em dúvida quanto a um possível problema de audição e perguntei-lhe o motivo de estar inclinando a cabeça. Então eu soube que ele era completamente surdo do ouvido esquerdo desde que tinha oito anos! O rapaz estava agora na casa dos vinte anos e passara a maior parte da vida escutando por apenas um ouvido!

Entendi naquele momento que Deus queria que eu assumisse autoridade sobre aquela situação. Sabia que em vez de pedir a Deus para curá-lo, eu precisava ordenar com autoridade que seu ouvido se abrisse! Coloquei minhas mãos em volta de sua orelha direita e gritei duas vezes: "Abra! Abra!".

O que aconteceu a seguir foi uma das coisas mais maravilhosas que já vi na minha vida. Lágrimas de alegria começaram a escorrer pelo seu rosto enquanto ele declarava: "Posso ouvir! Posso ouvir!".

Naquele momento, compreendi por completo a autoridade que temos em Jesus Cristo! O Jesus que representamos é o nome sobre qualquer outro nome! Finalmente entendi a autoridade que tenho enquanto embaixador de Cristo (ver 2 Coríntios 5:20). Reconheci que Ele já me deu Seu poder, e que não é algo que vem e vai! É o poder dinamite de Atos 1:8 que habita dentro de mim. Percebi que sou Seu filho e Seu embaixador!

Dali em diante, parei de duvidar se Deus podia curar o doente e parei de perguntar se isso era da vontade dele. Em vez disso, assumi minha posição e comecei a ordenar que a doença saísse do corpo das pessoas! Não era o meu poder fazendo isso, era o poder de Jesus fluindo através de mim! Comecei a perceber que eu não preciso esperar por uma palavra de Deus para curar enfermos. A Bíblia já me disse para impor as mãos e curar. Percebi que não tenho de implorar a Deus pela cura. Ele já disse *sim*! Ele já me deu Seu poder que opera milagres, só preciso acendê-lo!

Como disse antes, a Bíblia afirma que somos embaixadores de Cristo (ver 2 Coríntios 5:20). O papel de um embaixador é um papel vital, mesmo no sentido terreno. Foi dado ao embaixador poder e autoridade para agir em favor de seu governo ou do rei que representa. Esse é o entendimento humano do papel terreno de um embaixador.

No entanto, é a mesma coisa no Reino dos Céus! A Bíblia nos chama de embaixadores de Cristo. Isso significa que nos foi dado poder e autoridade para agir em nome do Rei! Fomos comissionados pelo Rei e, como embaixadores, fomos completamente equipados com poder e autoridade para ver nossa missão cumprida.

O apóstolo Pedro entendeu o princípio da autoridade quando se deparou com o homem coxo em Atos 3:1-8. O homem coxo não estava em um lugar de fé, e também não estava sequer pedindo por cura. Ele implorava por dinheiro. Quando Pedro e João cruzaram seu caminho, Pedro lhe disse: *"Não possuo nem prata nem ouro, mas o que tenho, isso te dou: em nome de Jesus Cristo, o Nazareno, anda!"* (v. 6). Naquele momento, Pedro ordenou que o homem se levantasse e andasse em nome do Senhor Jesus Cristo! Ele não fez uma oração suave. Não foi um *"Ei, Deus, é Sua vontade curar dessa vez?"* e nem *"Deus, o Senhor pode curar este homem?"*

O apóstolo entendeu sua autoridade! Ele sabia que era um embaixador de Cristo! Pedro clamou pelo nome de Seu Rei para reforçar o decreto real — e o homem coxo andou! Pedro estava seguindo a comissão de Jesus Cristo, assim como nós devemos fazer hoje.

Isso não significa que Pedro era a fonte da cura. Na verdade, ele apontava constantemente para Jesus e dizia que era Cristo quem estava realizando o milagre. Tudo era resultado do poder dinamite que opera milagres — um poder que lhe foi dado e ele sabia como acender.

Finalmente, minha oração é que este capítulo o sacuda a ponto de querer ver os doentes curados. A cura divina é uma parte considerável do que significa acender a dinamite. Em todo lugar por onde Jesus ia, Ele curava os doentes. E agora Ele está chamando você para sair e fazer a mesma coisa!

Capítulo 5

É para todos
OS CRISTÃOS

ACENDA A DINAMITE*

É muito importante que todos os cristãos cheios do Espírito entendam que eles podem acender a dinamite. Seja você um recém-convertido ou um crente experiente, sua fé em Jesus o qualificou a acender a dinamite e a viver como Jesus. Ao longo dos anos, descobri que às vezes são os novos convertidos que aprendem a acender a dinamite mais rápido. Já vi um determinado padrão de mentoria e discipulado com base em pensamentos errôneos e, em vez de terem a fé de um novo convertido, como a de uma criança, os cristãos mais experientes às vezes acabam limitados pelas dúvidas e pela falsa doutrina sobre coisas que são o oposto do que a Bíblia diz. A Bíblia nos alerta contra pessoas que tenham forma de piedade, mas negam o poder (ver 2 Timóteo 3:5). Às vezes, para ensinar as pessoas sobre fé, primeiro temos de esclarecer dúvidas que vêm através de ensinos e doutrinas erradas. Espero que este livro me ajude a alcançar esse propósito.

Meu mentor e colaborador neste livro, Frank, é um grande exemplo disso. Quando foi salvo, ele abriu sua Bíblia no livro de Atos e simplesmente acreditou que poderia fazer o mesmo que estava descrito ali. Frank começou a orar pelos doentes e vê-los curados! Mas, então, alguns pastores e mestres da Palavra bem-intencionados tentaram mostrar-lhe razões pelas quais algumas pessoas não são curadas. Isso fez com que ele oscilasse na fé e, como resultado, Frank passou a não ver mais tantas pessoas recebendo a cura. Graças a Deus, ele agora está de volta e trabalhando intensamente! Mais adiante, você ouvirá outros detalhes sobre isso no capítulo dedicado ao seu testemunho pessoal.

Como você descobrirá neste livro, Deus foi capaz de me usar poderosamente, mesmo nos primeiros anos da minha conversão. Agora, como líder de cinco ministérios, meu coração é ver cada cristão equipado para ser usado por Deus da mesma forma.

Quando comecei a plantar igrejas, enviávamos novos convertidos às ruas para compartilhar o Evangelho, orar pelos enfermos e expulsar demônios. O grupo era liderado sempre por um cristão experiente, mas a ideia era liberá-los para praticar o que estavam aprendendo através do discipulado.

Uma senhora em particular, recém-convertida, tinha muito medo. Ela tinha até dificuldade para falar conosco, quanto mais compartilhar sua nova fé com estranhos. No entanto, nossos esforços para discipulá-la e orar com ela resultaram em total libertação daquele medo. Ela decidiu sair com o grupo às ruas e colocar em prática o que havia aprendido sobre o justo ser corajoso como o leão (ver Provérbios 28:1).

Em uma ação de evangelismo, ela viu uma senhora em uma cadeira de rodas junto com sua família. Passando por cima de todo o medo que travava guerra contra sua coragem, ela se aproximou e disse:

— Com licença, poderia orar pela senhora?

Os familiares responderam:

— Veja bem, ela é bastante idosa. Ela teve um derrame e não sente nada no lado direito há anos. Acreditamos em Deus e nós mesmos já oramos por ela. Então, não se preocupe com isso. Mas, obrigado mesmo assim.

Essa recém-convertida, porém, que estava quebrando o poder do medo em sua vida, sentiu em seu coração que deveria continuar tentando e perguntou, corajosamente, mais uma vez:

— Por favor, posso orar? Creio que Jesus irá curá-la.

Os parentes concordaram relutantemente. Ela impôs as mãos sobre a mulher cadeirante e fez uma oração bem simples, sabendo que eles estavam contando os segundos para ela ir embora. Antes de se retirar, entregou-lhes um cartão da igreja e pediu que entrassem em contato caso o estado da senhora mudasse. Esse episódio ocorreu num sábado.

Na segunda-feira, o telefone da igreja estava comigo e eu recebi a ligação de um dos membros daquela família, que disse: "Quero lhe agradecer imensamente! Uma moça de sua igreja orou por minha mãe, que teve um derrame dois anos atrás. De lá para cá, ela não sentiu mais nada do lado esquerdo de seu corpo. Mas desde a oração daquela moça, minha mãe voltou a sentir tudo! Ela conseguiu novamente se mexer sozinha e até se vestir!".

Esse foi um milagre extraordinário, operado através de uma recém-convertida que tinha uma fé simples e superou o medo! O poder de Deus é para todos, não apenas para pastores, para os doze apóstolos ou para os cristãos mais experientes. Deus quer usar todos os cristãos.

É PARA TODOS OS CRISTÃOS

Algo que é comumente ensinado, mas de forma muito errada, é que o poder sobrenatural de Deus foi dado somente aos doze apóstolos para o estabelecimento da Igreja. Iremos mais a fundo nesta crença cessacionista no próximo capítulo. A verdade é que Deus ungiu não somente os doze apóstolos, mas também outros setenta discípulos, ensinando-os a curar doentes e expulsar demônios (ver Lucas 10:1-12). Então, na Grande Comissão, Jesus instrui os apóstolos a repassarem para todos os cristãos as coisas que aprenderam com Ele (ver Mateus 28:20). Isso inclui não somente instruções sobre o jeito certo de viver a vida cristã, mas também sobre como acender a dinamite. Jesus nunca planejou que o poder fosse para alguns poucos escolhidos; Ele quer que todo cristão em todas as nações seja discipulado em como operar no sobrenatural.

JÁ QUALIFICADO

Ao longo dos anos, tive que ajudar pessoas a se livrarem da mentalidade de que precisavam estar atrás de um púlpito, como líderes de uma igreja, antes que pudessem operar sinais e maravilhas.

Acho maravilhoso quando alguém quer se tornar um líder de igreja, pastor ou um ministro com os cinco dons ministeriais. É fantástico quando alguém se sente chamado para fazer um seminário. Qualquer um que seja chamado a se envolver com uma dessas coisas boas, eu encorajo a buscá-las. A Bíblia diz: *"Fiel é a palavra: se alguém aspira ao episcopado, excelente obra almeja"* (1 Timóteo 3:1). Então, com certeza, queremos que as pessoas sejam inspiradas a buscar o chamado de Deus em suas vidas.

Ao mesmo tempo, se não formos cuidadosos, podemos pensar que o que nos qualifica para compartilhar nossa fé e operar milagres é o nosso reconhecimento externo. Já vi isso de perto — pessoas perseguem diplomas ou uma posição na liderança esperando que o extraordinário de Deus seja ativado em suas vidas. Mas a verdade é que você foi qualificado para acender a dinamite no dia em que nasceu de novo e foi cheio com o Espírito.

NÃO APENAS UM ESPECTADOR

É uma honra incrível pregar atrás de um púlpito. É uma oportunidade especial poder equipar os santos na Igreja de Deus em tempos como estes. No entanto, também entendo que não veremos o mundo sendo salvo se pregarmos somente em cima do altar. Em última análise, o trabalho de uma pessoa atrás do púlpito é equipar os santos para um estilo de vida voltado para o evangelismo e o discipulado.

Frequentemente gosto de usar a analogia de um jogo de futebol. Sou australiano e aqui na Austrália amamos o futebol. Temos um campeonato anual chamado Australian Rules Football,* onde joguei

---

* O futebol australiano, também chamado de Aussie Rules, é um esporte amplamente praticado na Austrália; onde, juntamente com a Rugby League (Liga de Rugby), é o esporte mais popular do país. Trata-se de um jogo de contato originado em Melbourne no século XIX. A principal competição do esporte é a Australian Football League. (N. da T.)

por vários anos. Entendo como o futebol funciona e, quando ensino sobre esse tópico, com frequência faço um paralelo entre o discurso do treinador e o que acontece em campo.

Em um time de futebol, o treinador é essencial. O time não terá um bom desempenho se não tiver um treinador excelente. No entanto, as palavras do treinador para o time não vão realmente fazer com que ele vença o jogo. Com certeza irão ajudar, mas o que acontece em campo é o que fará o time alcançar a vitória.

O mesmo ocorre na vida cristã. Considero a pregação dos domingos pela manhã como o discurso metafórico do treinador. O treinador está animando os santos; ele os ensina, equipa e prepara para o jogo. O treinador prepara os santos para suas semanas e vidas cotidianas — adestrando-os para destruir as obras do diabo, operar no ministério da reconciliação (ver 2 Coríntios 5:18) e fluir em milagres, sinais e maravilhas.

Precisamos dos treinadores. Precisamos de pastores e líderes de igreja. O púlpito é importante; o discurso no intervalo do jogo é importante. Mas o que realmente importa é o que acontece em campo.

Também é importante os cristãos entenderem que nenhum de nós é chamado para ser um espectador, sentado na seção da arquibancada mais distante do campo, criticando a Igreja. Não, o discurso do treinador não é dado aos espectadores. Todo cristão é chamado para arregaçar as mangas e entrar no jogo. A verdade é que não importa sua função na igreja, todos temos o mesmo Espírito que ressuscitou Jesus habitando em nós. Isso significa que todos podem operar no poder dinamite, sendo você um apóstolo, um obreiro no ministério de ajuda ou apenas um frequentador de igreja. Todos temos o mesmo poder e é a mesma fé que o coloca em ação. Dizer *sim* a Deus é o que nos qualifica para ser cheios do Espírito e para operar com sinais e maravilhas.

A passagem de Atos 6 é um ótimo exemplo disso. Os apóstolos selecionaram sete pessoas para ajudar a servir no ministério de hospitalidade. Estêvão era um dos sete. O papel de Estêvão na reunião pública da igreja não era pregar atrás de um púlpito, nem orar pelos doentes ou profetizar— seu papel era simplesmente ajudar na administração dos alimentos para as viúvas. Ele ia ao mercado, comprava comida e a distribuía às viúvas. Mas mesmo não sendo um apóstolo ou líder de cinco ministérios, lemos que ainda assim ele fazia sinais e maravilhas no mercado. Ele entendeu que tinha dentro de si a mesma dinamite dos apóstolos e de todos os outros cristãos: "*Estêvão, cheio de graça e poder, fazia prodígios e grandes sinais entre o povo*" (Atos 6:8).

Espero que, depois de ler este livro, todo cristão comece a acender a dinamite. Não importa quem você é ou de onde vem, se você está em um culto ou em um estádio, no evento do próximo avivamento ou levando sua vida cotidiana — o desejo do coração de Deus é que todos tomem a iniciativa de acender a dinamite e que milagres comecem a acontecer em toda a parte.

Capítulo 6

CESSACIONISMO

Nos meus primeiros anos de convertido, eu não entendia a diferença entre as denominações e suas crenças doutrinárias. Eu era bem ingênuo; pensava que todos os cristãos acreditavam nas mesmas coisas. No entanto, rapidamente aprendi que não é esse o caso.

Recém-convertido, filiei-me a uma Igreja Batista Independente. Eu era muito apaixonado por Deus e estava determinado a compartilhar Jesus com os outros. Desde o primeiro dia, o desejo do meu coração era de que outras pessoas experimentassem o mesmo poder que me libertou e que opera milagres.

Eu lia com frequência o livro de Atos e me identificava com as inúmeras histórias de cura e libertação — foi exatamente isso o que Deus fez por mim! Eu sabia que Deus estava me chamando para trabalhar com Ele da mesma maneira que os discípulos do Novo Testamento. Sabia que Deus ainda queria ver multidões sendo curadas, libertas e salvas. Mas quando comecei a expressar esses pensamentos ao meu grupo de estudo bíblico nessa igreja batista, encontrei forte resistência. Foi aí que percebi que nem todos os cristãos acreditam na mesma coisa. Na verdade, essa igreja em particular era *cessacionista*.

NO QUE OS CESSACIONISTAS ACREDITAM?

Em termos simples, os cessacionistas acreditam que os dons do Espírito, como ensinado em 1 Coríntios 12-14, e a concessão dos cinco ofícios ministeriais, como ensinado em Efésios 4:11, junto com todos os milagres incríveis do Novo Testamento, já cessaram. Isso não quer dizer que eles achem que Deus não possa curar ou fazer milagres hoje em momentos raros de soberania divina; eles sustentam que Ele é Deus e pode fazer o que quiser. No entanto, os cessacionistas ensinam que os crentes modernos não têm a mesma autoridade ou poder para curar doentes ou operar milagres como os discípulos do Novo Testamento. Em outras palavras, eles creem que o poder dinamite e os dons sobrenaturais morreram com os apóstolos, e também acreditam que a manifestação dos dons do Espírito tinha somente o propósito de validar o Evangelho e estabelecer a Igreja Primitiva. A partir do momento em que a Igreja canonizou completamente as Escrituras nos sessenta e seis livros da Bíblia, os cessacionistas ensinam que não há mais necessidade dos milagres, dos dons do Espírito Santo ou dos cinco ofícios ministeriais.

Foi um tempo interessante para mim quando fiz parte dessa igreja batista. Eu havia acabado de ter um encontro radical com o Espírito Santo, em que fui liberto de espíritos demoníacos, alcoolismo e vício em drogas, e sabia que fora o poder *dunamis* que opera milagres que havia destruído as obras do diabo na minha vida! Ainda assim, eu estava fazendo parte desse grupo cessacionista, em que fui desafiado acerca do ministério do Espírito Santo. Eles eram pessoas incríveis e eu aprendi muitas coisas valiosas com eles, mas tinha certeza de que o ensinamento sobre os dons do Espírito terem cessado estava totalmente equivocado.

O desejo do meu coração era ir às ruas, pregar o Evangelho, orar pelos doentes e agir como os discípulos no Novo Testamento — em outras palavras, fazer o que eu via a Bíblia me dizendo para fazer! No entanto, para meus amigos cessacionistas, os cristãos não faziam mais isso. Eles afirmavam que devíamos "pregar o caminho de Romanos".* Eram totalmente focados em pregar o Evangelho, mas diziam que a cura e os dons do Espírito não tinham mais lugar no cristianismo. Infelizmente, chegavam ao ponto de dizer que os cristãos que alegavam a operação de milagres estavam enganados por falsos sinais e maravilhas.

---

* "Pregar o caminho de Romanos" refere-se a uma série de versículos da Bíblia do livro de Romanos, que descreve o plano de salvação de Deus. Quando colocados em ordem, esses versículos formam uma maneira fácil e sistemática de explicar a mensagem bíblica da salvação em Jesus Cristo. (N. da T.)

ACENDA A DINAMITE*

EVANGELHO ORIGINAL, RESULTADOS ORIGINAIS

Durante esse tempo, a líder do meu grupo de estudo bíblico, que também era professora, trabalhava com uma senhora que acabara de ver seu filho ser salvo, curado e liberto radicalmente. Após ouvir o testemunho do rapaz, ela pensou que seria uma ótima ideia convidá-lo para nosso grupo de estudo a fim de compartilhar sua história. Sou extremamente grato que ela tenha feito isso, porque esse jovem agora é meu melhor amigo e líder do movimento *Awakening* (Despertar). Seu nome é Ben Fitzgerald.

Naquela época, Ben era um novo convertido, com pouco tempo de caminhada no Senhor. Ele veio ao nosso estudo bíblico e compartilhou sobre o poder que opera os milagres de Deus. Foi uma enorme bênção para mim, já que tínhamos testemunhos muitos parecidos. E eu sabia que havia sido um encontro promovido pelo próprio Deus.

Ben e eu nos tornamos melhores amigos depois daquele dia — era exatamente o que eu precisava! Começamos a ir às ruas juntos quase todos os dias. Foi ali que comecei a aprender como ministrar aos outros. Ben carregava uma fé radical desde o início de sua caminhada com Jesus. Ele passou a me mostrar como expulsar demônios e curar os enfermos. Cara, nós vimos os milagres mais loucos! Ainda hoje, quando penso naqueles tempos, fico maravilhado com o que Deus fez através de dois jovens que haviam sido salvos recentemente.

Lembro-me de uma época quando Ben e eu íamos às ruas diariamente, pregando o Evangelho, orando pelos doentes e vendo milagres acontecerem. Ainda não estávamos no ministério integralmente; éramos apenas dois rapazes pedindo a Deus para serem Seus instrumentos. Estávamos famintos para que Ele nos usasse de maneira poderosa a fim de glorificar o Seu nome!

Havia uma cidade em Victoria, Austrália, chamada Frankston, que tinha uma conhecida má reputação. Nós andávamos pelas ruas de Frankston procurando oportunidades de acender a dinamite.

Um dia, Ben e eu estávamos em frente a um shopping quando notamos um cara vindo em nossa direção. Seu rosto estava todo ensanguentado; era como se tivesse acabado de sair de uma briga. Então achamos que ele era o candidato perfeito para ouvir o Evangelho!

Corremos até ele e começamos a falar sobre como Jesus o amava e se importava com sua vida. Mas ele estava bem angustiado e não se interessou em ouvir sobre Jesus; afinal, ele havia acabado de ser assaltado! Sua carteira, junto com todo o dinheiro que acabara de juntar para pagar o aluguel de sua casa, havia sido roubado. Senti Deus me encorajando, então percebi que Ben e eu deveríamos insistir. Continuei pedindo para que nos deixasse orar por ele, mas o rapaz continuou recusando. Por fim, eu disse: "Vamos lá, cara, você não tem nada a perder. Vamos orar".

Então, Ben declarou ousadamente: "Vamos orar por você e Deus vai trazer seu dinheiro de volta".

Quando meu amigo falou dessa maneira, pensei que talvez Deus quisesse que eu desse dinheiro àquele homem. Enquanto Ben continuava a conversa com ele, fui ao caixa eletrônico. No entanto, havia esquecido que eu já tinha retirado uma grande quantia da minha conta naquele dia, e essa conta tinha um limite diário de saque. Resultado: não consegui sacar uma nota sequer para dar àquele homem!

Quando retornei, aquele homem finalmente decidiu permitir que Ben e eu orássemos por ele. Começamos a buscar a Deus e pedir que, de algum modo, a quantia roubada fosse devolvida para o nosso novo amigo.

De repente, enquanto orávamos, sentimos uma grande onda de vento soprar à nossa volta. Isso foi muito estranho porque aquele não era um dia de vento, nem um pouco, e o jeito que as lojas eram posicionadas naquela área externa normalmente impedia a circulação do vento. Mas a rajada foi tão forte que nós três abrimos os olhos.

ACENDA A DINAMITE*

Quando o fizemos, vimos duas notas lisinhas — uma nota de 50 e outra de 10 dólares — caindo como folhas de árvore diante dos nossos olhos! Creio que os anjos estavam ministrando naquele momento para apoiar nossa oração com sinais e maravilhas. Começamos a pular de alegria de que Deus tivesse operado algo tão incrível e extraordinário, como fazer dinheiro aparecer do nada. Mas, então, me perguntei: *Por que apenas sessenta dólares haviam aparecido quando o aluguel do cara era mais do que isso?* Então, oramos novamente.

Dessa vez, depois de trinta segundos de oração por uma provisão completa, o telefone do homem tocou. Era seu pai, com quem ele não falava há dois anos, ligando naquele exato momento! Seu pai disse: "Filho, senti de ligar e perguntar se está tudo bem".

O jovem contou ao pai tudo o que havia acabado de acontecer: como ele havia sido assaltado, que o dinheiro do aluguel havia sido roubado, que ele se deparou com dois desconhecidos que queriam orar por ele, e como Deus respondeu suas orações fazendo sessenta dólares aparecerem do nada. O homem do outro lado da linha ficou tão comovido com a história que decidiu dar a seu filho o restante do dinheiro para compensar a diferença necessária e pagar o aluguel!

Para mim, esse foi um milagre ainda mais poderoso do que o dinheiro que surgiu do nada. Naquele momento, Deus acabara de curar uma relação rompida entre pai e filho. O relacionamento deles se rompera há dois anos e agora estava sendo curado e restaurado por Jesus! Aquele homem estava impressionado com o poder da oração. Quando o conhecemos, ele era ateu; depois do dinheiro aparecer, ele era agnóstico; e, com a restauração do relacionamento com seu pai, ele estava pronto para receber Jesus como seu Senhor e Salvador! Então, oramos novamente, dessa vez para ver o milagre final: a restauração da comunhão com seu Pai Celestial. Conduzimos aquela vida preciosa a fazer a oração do pecador, e ele nasceu de novo naquele dia!

Você precisa entender que coisas malucas como essa estavam ocorrendo com frequência nas ruas. Eu me sentia tão animado com o que Deus estava fazendo que queria compartilhar os acontecimentos com meus líderes da igreja batista cessacionista. Demônios eram expulsos, dinheiro começava a aparecer sobrenaturalmente depois da oração, e havia muitas curas impressionantes! Não eram atos pontuais, eles aconteciam consistentemente. Estávamos experimentando milagres notáveis que não podiam ser negados. Até comecei a levar para o estudo bíblico pessoas que eu havia abordado nas ruas e conduzido até Jesus. Eu era ainda bem ingênuo e esperei que meu grupo de estudo e os líderes ficassem tão animados quanto eu. Infelizmente, deparei-me com uma reação bem diferente e, mais adiante, compartilharei o que precisei enfrentar.

ABORDANDO O CESSACIONISMO

Como mencionei antes, os cessacionistas acreditam que os milagres acabaram porque a Igreja agora tem as Escrituras perfeitas, ou seja, a Bíblia é a autoridade final e prevalece sobre a experiência. Também acredito que as Escrituras canônicas são perfeitas. Na verdade, é por isso que acredito da maneira que acredito! É a Bíblia que me *instrui* a perseguir o sobrenatural! A Bíblia me estimula a ir por todo o mundo e impor as mãos sobre os doentes! (ver Marcos 16:18.) A Palavra me diz que esses sinais sobrenaturais seguirão aqueles que creem (ver Marcos 16:17). As Escrituras me dizem que Jesus fez a seguinte afirmação: *"Aquele que crê em mim fará também as obras que eu faço e outras maiores fará"* (João 14:12). A Bíblia me ensina que os apóstolos, profetas, evangelistas, pastores e mestres ainda são necessários hoje. Por quê? Porque o papel dos cinco ministérios não cessou quando a Bíblia chegou à sua forma completa, mas continua *"até que todos cheguemos à unidade da fé e do pleno conhecimento do Filho de Deus, à perfeita varonilidade, à medida da estatura da plenitude de Cristo*" (Efésios 4:13).

Depois de ser confrontado por essas doutrinas incorretas pelos líderes da igreja onde eu congregava, comecei a realmente estudar as Escrituras. Procurei na Bíblia passagens que diziam que os milagres haviam ficado no passado. Sabe o que descobri? Elas não estão lá! Nenhum lugar da Bíblia ensina que os dons do Espírito e os cinco ministérios cessaram, nem que o poder que opera milagres terminou. Depois de estudar a Bíblia sobre esse assunto, com total dedicação, desafiei amorosamente meus líderes quanto ao que havia descoberto. Disse-lhes que não pude encontrar qualquer trecho da Bíblia que apoiasse o ensinamento deles. Então, eles apontaram duas passagens que aparentemente fundamentam a doutrina cessacionista: 1 Coríntios 13:8-13 e Hebreus 1:1-2. No entanto, ao estudá-las, descobri rapidamente que elas foram retiradas de contexto. Deixe-me compartilhar com você o que o Espírito Santo me revelou quando pesquisei essas passagens dentro de seu verdadeiro contexto.

O QUE É PERFEITO VEIO

Em 1 Coríntios 13:8-12 podemos ler:

> O amor jamais acaba; mas, havendo profecias, desaparecerão; havendo línguas, cessarão; havendo ciência, passará; *porque, em parte, conhecemos e, em parte, profetizamos. Quando, porém, vier o que é perfeito, então, o que é em parte será aniquilado.* Quando eu era menino, falava como menino, sentia como menino, pensava como menino; quando cheguei a ser homem, desisti das coisas próprias de menino. Porque, agora, vemos como em espelho, obscuramente; então, veremos

> face a face. Agora, conheço em parte; então, conhecerei como também sou conhecido. Agora, pois, permanecem a fé, a esperança e o amor, estes três; porém o maior destes é o amor (grifo nosso).

Os cessacionistas usam esta passagem das Escrituras para argumentar que os dons do Espírito acabaram. Eles acreditam que o trecho *"vier o que é perfeito"* se refere às Escrituras canônicas. No entanto, essa é uma interpretação muito pobre das Escrituras. *"Vier o que é perfeito"* faz referência a quando estivermos *"face a face"* com Jesus na eternidade! Em outras palavras, os dons do Espírito cessarão quando estivermos no Céu, quando estivermos ausentes do corpo e presentes com o Senhor (ver 2 Coríntios 5:8). Então, estaremos face a face com Jesus, não mais dependendo das páginas escritas nessa Terra, mas diante do próprio Jesus no Céu! Lá não falaremos em línguas, não vamos precisar profetizar, e não vamos precisar fazer qualquer milagre para confirmar o Evangelho, pois todos no Céu já serão salvos! A missão de resgate terá sido completada e não haverá mais morte, tristeza ou choro! (Ver Apocalipse 21:4.)

Precisamos do poder que opera milagres *agora!* Enquanto estivermos na terra em nosso estado decaído, dependemos completamente dos dons do Espírito. A Igreja é as mãos e os pés de Jesus! Somos parceiros com Ele para fazer avançar o Reino de Deus através dos nossos vasos terrenos. Se a Igreja precisava do poder que opera milagres nos dias da Bíblia, então com certeza precisamos dele hoje! Porque o tempo do diabo é curto e ele está causando mais destruição agora do que nunca. Então, vemos muito claramente através das Escrituras que os dons não morreram!

Foi aí que comecei a entender verdadeiramente a importância da hermenêutica correta — os princípios da interpretação —, assim como o valor da teologia sistemática, que nos ajuda a conhecer o que a Bíblia diz em seu conjunto de textos sobre determinado assunto. É extremamente importante estudar as passagens em seu contexto correto e completo.

DEUS FALOU

A segunda passagem cessacionista que os líderes apontaram em uma tentativa de apoiar suas crenças foi Hebreus 1:1-2:

> Havendo Deus, outrora, falado, muitas vezes e de muitas maneiras, aos pais, pelos profetas, nestes últimos dias, *nos falou pelo Filho,* a quem constituiu herdeiro de todas as coisas, pelo qual também fez o universo (grifo nosso).

Os cessacionistas apontam essa passagem para argumentar que Deus não fala profeticamente através das pessoas hoje porque "*nestes últimos dias, nos falou pelo Filho*". Eles ensinam que, nos tempos modernos, Deus fala exclusivamente através das Escrituras canônicas. Em outras palavras, agora que temos a Bíblia completa, não há necessidade de profetas ou apóstolos. No entanto, não é nada disso que o autor de Hebreus está comunicando. Precisamos olhar mais de perto Hebreus 1:1-2 e determinar mais corretamente o que a passagem diz — e o que ela *não* diz.

JESUS CRISTO É A REVELAÇÃO SUPREMA

No Antigo Testamento, Deus falou à humanidade em tempos e de maneiras diferentes. Por exemplo, Deus falou a Moisés, Josué, aos profetas e sacerdotes. Mas nestes últimos dias, Deus falou através de Seu Filho.

Acredito que o que a Bíblia está dizendo é claro: em comparação com as figuras do Antigo Testamento, tais como Moisés e os profetas, através de quem Deus falava, Jesus Cristo é a revelação suprema. O que quero dizer com isso? A Bíblia descreve Jesus como sendo a imagem expressa, ou o exemplo, e a representação perfeita do Pai (ver Hebreus 1:3). É isso o que Hebreus 1 está dizendo. A revelação através de Jesus é superior a qualquer outra revelação. Ele é a mensagem completa e perfeita de Deus; Ele é a compreensão suprema de Deus. Deus revelou a Si mesmo de muitas maneiras no passado (ver Hebreus 1:1), mas Jesus é agora a representação perfeita de Deus Pai. Ele mesmo disse que era o cumprimento da lei do Antigo Testamento e a revelação do Antigo Testamento (ver Mateus 5:17).

Aqueles que têm o Filho, têm o Pai, mas aqueles que rejeitam o Filho, rejeitam o Pai (ver Mateus 10:40; 1 João 2:23). Se rejeitar a revelação suprema, então você rejeita o Pai. Jesus é maior do que todos os anjos (ver Hebreus 1:4), Seu nome está acima de todo nome (ver Filipenses 2:9), e Ele é o precursor e o capitão da nossa salvação (ver Hebreus 2:10). Em poucas palavras, é isso o que Hebreus 1:1-2 está falando. Agora, vamos olhar para o que Hebreus *não está dizendo*.

DEUS FALA HOJE

O autor de Hebreus não está dizendo que Deus não se manifesta mais através do Espírito Santo ou da profecia. Essa passagem não afirma que Deus fala somente através das Escrituras canônicas. A Bíblia não diz isso e Hebreus 1:1-2 certamente não diz isso também.

Está claro que desde o Pentecostes até a Segunda Vinda, Deus tem falado e continuará falando através do dom da profecia. Mas Ele não fala exclusivamente através do logos (as Escrituras canônicas) — embora possamos confiar que não há palavra mais segura e precisa do que a Palavra escrita de Deus (ver 2 Pedro 1:19). Não devemos dar um passo além e dizer que Deus fala exclusivamente através da Bíblia. Acreditar nisso é um grande erro, e você não encontrará isso nas

Escrituras. É por isso que sou apaixonado em responder o porquê de acreditarmos no que acreditamos. Não estamos nos esquivando da teologia sólida; queremos dar uma resposta bíblica às críticas religiosas severas e a esse tipo de ensinamento.

João 15:26 diz: *"Quando, porém, vier o Consolador, que eu vos enviarei da parte do Pai, o Espírito da verdade, que dele procede, esse dará testemunho de mim"*. O Filho ainda fala hoje conosco, não apenas através das Escrituras, mas através do Espírito Santo. João 16:8 diz: *"Quando ele vier, convencerá o mundo do pecado, da justiça e do juízo"*.

Note que a passagem não diz: *"Quando as Escrituras canônicas vierem, elas irão guiar você através de toda verdade"*. As Escrituras canônicas certamente nos guiam e Deus com certeza fala conosco através delas. Mas, nesses versículos, Jesus está nos encorajando ao dizer que o Espírito da verdade irá falar conosco e nos guiar. O Espírito da verdade fala em nome de Jesus, recebendo do que é dele e anunciando-o para nós (João 16:13-15). Quero dar outro exemplo bíblico de como o Espírito Santo pode falar e nos conduzir hoje. Atos 16:6-7 diz:

> E, percorrendo a região frígio-gálata, tendo *sido impedidos pelo Espírito Santo de pregar a palavra na Ásia,* defrontando Mísia, tentavam ir para Bitínia, mas o Espírito de Jesus não o permitiu. (grifo nosso)

Não foram as Escrituras canônicas que proibiram Paulo e seu grupo de pregar na Ásia, foi o Espírito Santo que falou com eles. E depois que eles foram a Mísia e tentaram ir a Bitínia, novamente não foram as Escrituras que os impediram; foi o Espírito Santo que *"não permitiu"*. Foi Jesus falando através do Espírito da verdade o que não lhes permitiu continuar em direção a Bitínia.

É dessa mesma maneira que acontece hoje. Jesus não fala somente através das Escrituras, mas através do Seu Santo Espírito, e podemos ver isso muito vivo e ativo no Novo Testamento.

O CÂNON ABERTO

Alguns cessacionistas, como meus antigos líderes batistas, provavelmente tentariam argumentar nesse ponto que meus exemplos foram extraídos de eventos que aconteceram durante um período que chamamos de *cânon aberto*, o que significa que as Escrituras canônicas não haviam ainda sido estabelecidas. No entanto, esse é um argumento fraco porque a Bíblia em si não diz que o Espírito Santo iria parar de falar conosco a partir do momento em que as Escrituras canônicas fossem definidas.

No evangelho de Marcos, Jesus nos deu uma visão dos tempos que antecederiam a Sua volta. Marcos 13:9-11 diz:

> Estai vós de sobreaviso, porque vos entregarão aos tribunais e às sinagogas; sereis açoitados, e vos farão comparecer à presença de governadores e reis, por minha causa, para lhes servir de testemunho. Mas é necessário que primeiro o evangelho seja pregado a todas as nações. Quando, pois, vos levarem e vos entregarem, não vos preocupeis com o que haveis de dizer, *mas o que vos for concedido naquela hora, isso falai; porque não sois vós os que falais, mas o Espírito Santo.* (grifo nosso)

Espero que qualquer estudioso concorde que essas palavras se referem a um tempo posterior ao fechamento do cânon. Nesse ponto da linha do tempo mundial, provavelmente não lhe seria permitido ter uma Bíblia em mãos. Mas você terá o Espírito Santo! Veja, Deus fala através do Seu Santo Espírito e através de Seu povo! Através do poder do Espírito Santo e do dom profético, não precisamos temer o que dizer naquela hora porque Deus irá nos dar palavras! Ele irá falar através de nós como Seu corpo e como Seus embaixadores.

O Espírito Santo certamente está falando e sempre falará, desde o Pentecostes até a Segunda Vinda de Jesus. Até que estejamos todos no Céu, precisamos desse dom de profecia através do Espírito Santo.

Este é o último ponto das Escrituras que encerra o assunto. Hebreus 1:1-2 não está ensinando que Deus fala apenas através das Escrituras canônicas hoje. Examinamos o que Hebreus 1:1-2 diz, assim como também o que *não diz* — isso é a aplicação da teologia sistemática; ela se alinha de Gênesis a Apocalipse. Ela se alinha com as Escrituras canônicas perfeitas. Portanto, podemos ter certeza de que Deus ainda está falando profeticamente à Igreja hoje. Os apóstolos ainda são necessários hoje, os profetas ainda são importantes hoje e os dons do Espírito ainda estão ativos hoje. Na verdade, eu diria que há mais necessidade deles nestes tempos do fim do que jamais houve.

O Dr. Michael Brown acerta em cheio quando diz:

> Se Hebreus 1:1-2 nos ensina que o dom da profecia cessou, já que a revelação final veio através de Seu Filho, então por que ele continuou se manifestando através dos tempos do Novo Testamento e também nos séculos posteriores? Essa obviamente não é a implicação da revelação final de Deus vinda através do Filho.[9]

Infelizmente, muitos no pequeno grupo batista permaneceram com o coração endurecido mesmo diante do poder dinamite milagroso de Deus. Por fim, Deus me levou para fora daquele grupo e para dentro de outra igreja. Eu não me permiti ser ofendido por eles, e sou grato por esse tempo no qual Deus me permitiu ser exposto a diferentes tipos de ensinamento. Acredito que eu não seria o homem que sou hoje sem essas experiências.

Finalmente, quero encorajar os cristãos a nunca se deixarem intimidar por pessoas religiosas. Foram os fariseus e saduceus, que eram os religiosos da época de Jesus, que se opuseram ao poder dinamite milagroso de Deus. Na verdade, eles chegaram ao ponto de acusar Jesus de operar pelo poder de Belzebu, em vez de reconhecerem nele o poder de Deus (ver Lucas 11:15). Mas Jesus não permitiu que o distraíssem; Ele prosseguiu com Sua missão, acendendo a dinamite e destruindo as obras do diabo.

Capítulo 7

Caráter ANTES DA UNÇÃO

Mover-se no poder que opera milagres deve andar de mãos dadas com testemunhar às pessoas sobre Jesus. Ainda assim, não queremos ensinar sobre o poder sem enfatizar a importância do caráter e da vida de temor ao Senhor. Queremos correr a corrida e terminar bem como filhos e filhas fiéis. Não queremos focar no poder em detrimento do conhecimento do Senhor e de viver uma vida temente aos Seus princípios. O poder é essencial na caminhada cristã, mas ele deve ser acessado através de um relacionamento com Deus. Queremos ouvir Sua voz, conhecer Seu coração e ser marcados por Sua presença. Como cristãos, quando amamos a Deus e lançamos nossa afeição diariamente sobre Ele, não podemos evitar ouvir Seu coração pelos perdidos. É desse lugar de intimidade com o Pai que nosso desejo de acender a dinamite deve ser despertado. Neste capítulo, vamos desvendar como nos mover em poder com os motivos certos e viver uma vida de santidade.

COMPAIXÃO EM AÇÃO

Vemos nas Escrituras que Jesus era movido com compaixão, creio que isso foi em parte devido ao Seu relacionamento íntimo com o Pai. Ele se afastava com frequência das multidões para ficar a sós com o Pai no monte. Os evangelhos relatam várias ocasiões em que Jesus disse: *"O Filho nada pode fazer de si mesmo, senão somente aquilo que vir fazer o Pai"* (João 5:19). Acredito que Jesus dizia isso porque passava tempo com o Pai. Ele era íntimo de Deus, ouvia a voz do Pai e respondia ao Seu coração pelas pessoas. Ele era completamente homem e completamente Deus, mas precisava passar tempo com o Pai em um relacionamento íntimo para fluir e se mover de acordo com a vontade de Seu Pai. E claro, sabemos que é a vontade do Pai que ninguém pereça (ver 2 Pedro 3:9), e que todos sejam curados (ver 1 Pedro 2:24, Salmos 103:1-3).

Lemos na Bíblia que Jesus era movido de compaixão (ver Mateus 14:14). Isso significa que a vontade do Pai de que ninguém pereça e que todos sejam curados vem de um lugar de compaixão amorosa. O motivo para ver a dinamite acesa é Seu amor pelas pessoas. Motivos piedosos são essenciais na caminhada cristã. Jesus era movido com paixão, Ele era motivado pelo amor — não pela fama ou por quantos "likes" Ele recebia no Facebook ou no Instagram. Seu coração estava alinhado com o do Pai.

Creio que, como cristãos, precisamos lembrar que é por isso que fazemos o que fazemos. É parte do mandamento nobre e simples de amar a Deus e amar as pessoas. E se você sente que lhe falta compaixão, quero encorajá-lo a buscar a Deus no lugar secreto. Fique a sós com Ele, encontre o topo do seu monte, e você redescobrirá o coração do Céu.

O evangelho de Mateus relata uma ocasião em que os líderes religiosos da época questionaram Jesus, perguntando-Lhe qual era o maior mandamento. Respondeu-lhes Jesus:

> *Amarás o Senhor, teu Deus, de todo o teu coração, de toda a tua alma e de todo o teu entendimento.* Este é o grande e primeiro mandamento. O segundo, semelhante a este, é: *Amarás o teu próximo como a ti mesmo.* Destes dois mandamentos dependem toda a Lei e os Profetas.
>
> — Mateus 22:37-40, grifo nosso

Se realmente amamos nosso próximo, vamos querer ver as obras do diabo destruídas em sua vida. Vamos querer saber como acender a dinamite. Se realmente amamos as pessoas, então desejaremos ardentemente os dons espirituais (ver 1 Coríntios 14:1); teremos fome e sede de ver o poder de Deus fluir através de nós para que as pessoas possam ser libertas.

ACENDA A DINAMITE✻

A IMPORTÂNCIA DE UM CARÁTER PIEDOSO

Se Jesus, sendo completamente homem e também completamente Deus, precisava passar tempo com o Pai, quanto mais nós! Se não passarmos tempo com o Pai, em nossa humanidade, podemos cair na armadilha da ambição egoísta ou dos motivos errados em nosso ministério. Se não permanecemos em oração, podemos facilmente cair na tentação e em pecados enganosos. Jesus ensina isso quando, no Getsêmani, Ele diz aos Seus discípulos: *"Vigiai e orai, para que não entreis em tentação; O espírito, na verdade, está pronto, mas a carne é fraca"* (Mateus 26:41).

Nosso caráter e nosso relacionamento com o Pai são fundamentais para acender a dinamite. O caráter em si é um testemunho e pode frequentemente falar muito sem dizer nada.

Meu desejo com este capítulo não é ensinar apenas sobre o poder que opera milagres, mas enfatizar a importância do caráter e da vida temente ao Senhor. Em Mateus 7:21-23, Jesus disse:

> Nem todo o que me diz: Senhor, Senhor! entrará no reino dos céus, mas aquele que faz a vontade de meu Pai, que está nos céus. Muitos, naquele dia, hão de dizer-me: Senhor, Senhor! Porventura, não temos nós profetizado em teu nome, e em teu nome não expelimos demônios, e em teu nome não fizemos muitos milagres? *Então, lhes direi explicitamente: nunca vos conheci. Apartai-vos de mim, os que praticais a iniquidade.* (grifo nosso)

Acredito que as pessoas às quais Jesus está se referindo literalmente expulsavam demônios, profetizavam e operavam milagres em nome de Jesus. Acredito que elas estavam operando no poder dinamite e nos dons do Espírito. No entanto, vemos Jesus rejeitá-las, mesmo elas operando no sobrenatural. Acredito que a razão seja clara: *"nunca vos conheci. Apartai-vos de mim, os que praticais a iniquidade"*. A palavra **praticar** é a palavra-chave aqui. Jesus não está falando de cristãos fracos; Ele está falando sobre pecado habitual sem arrependimento. Pessoas que não conhecem verdadeiramente a Deus, apesar de afirmarem que sim, não o conhecem ou se afastaram Dele.

O ENGANO DO PECADO HABITUAL

Também é possível que as pessoas referidas em Mateus 7:21-23 conhecessem a Deus e fossem nascidas de novo genuinamente. Elas podem ter sido genuinamente batizadas no Espírito e ter começado sua corrida muito bem, mas foram vítimas de espíritos enganadores mais tarde. A Bíblia diz: *"Ora, o Espírito afirma expressamente que, nos últimos tempos, alguns apostatarão da fé, por obedecerem a espíritos enganadores e a ensinos de demônios"* (1 Timóteo 4:1). É provável que esses tipos de pessoas tenham sido seduzidas por espíritos enganadores e voltaram às suas práticas pecaminosas habituais.

Por exemplo, um pastor começa muito bem, operando no profético, sinais e maravilhas, e liderando um grande movimento. Então, de repente, as coisas começam a dar errado e ele tem um caso. Ele cai em práticas pecaminosas tais como adultério, ou outros pecados sexuais. Ao mesmo tempo, ele permanece ativo no ministério enquanto vive em pecado não arrependido. Ele, portanto, engana a si mesmo em pensar que não perdeu a aprovação de Deus sobre sua vida porque os milagres ainda estão presentes em seu ministério.

A ARMADILHA DO ENGANO

Certa vez, conheci um ministro que eu acredito que amava a Deus e estava fluindo no profético genuinamente. A princípio, ele carregava o fruto de um cristão. No entanto, devido à pressão de executar e querer ter um maior nível de precisão em suas profecias, depois de um tempo, ele caiu na tentação de olhar no Facebook antes de suas reuniões para obter informações a fim de fabricar palavras de conhecimento. Ele checava a página de eventos para ver quem havia confirmado participação, então, ele procurava alguns perfis para obter certas informações sobre essas pessoas, tal como suas ocupações, qualquer endereço ou até os nomes dos membros de sua família. Ele pareceria receber informações incrivelmente precisas do Espírito Santo, mas então profetizava coisas gerais. Tudo parecia vir do Espírito Santo, mas na verdade era fruto da mídia social. Esse homem fez isso por meses, e até por anos, sem ninguém o questionar. Esse tipo de ministro é o que chamamos de "Profeta Google".

Um dia, esse homem veio ministrar em nossa igreja e sentimos que algo estava errado. Então, nós o confrontamos. Para o seu crédito, esse homem em particular aceitou a correção sinceramente e se arrependeu. Não vou citar nomes, mas ele se arrependeu genuinamente. Ele se afastou imediatamente do seu ministério, passou pelo processo de ser corrigido e prestar contas a outros, realinhou o seu caráter e acertou sua vida com Deus. Celebramos muito a sua disponibilidade de aceitar correção e tirar um tempo para desenvolver um bom caráter, porque havia a possibilidade de que um dano real fosse feito ao Corpo de Cristo.

Esse tipo de prática falsa tem acontecido há muito tempo. Ouvi de outro casal nos anos 1970 que conspiravam juntos para criar falsas palavras de conhecimento. Quando as pessoas chegavam nas reuniões, elas recebiam cartões para preencher com informações específicas. As pessoas preenchiam os cartões com suas informações pessoais e necessidades de oração. Enquanto o homem ministrava do palco, sua esposa lia as informações nos cartões. Ela usava um fone de ouvido para comunicar a ele vários detalhes pessoais escritos nos cartões. O homem então usava a informação para fabricar palavras de conhecimento.

Esse tipo de falsificação fez com que as pessoas duvidassem do genuíno. Liberar palavras de conhecimento falsas pode danificar o mover profético genuíno. É tão importante não basearmos nossa identidade em nosso dom. Se o fizermos, enfrentaremos a pressão de ter um bom desempenho. Se nossa identidade se fundamenta em nosso dom, então apenas somos tão bons quanto a nossa próxima palavra de conhecimento, ou nossa próxima palavra profética. Nossa identidade deve se apoiar em quem Deus é e no que Ele diz que pensa de nós.

A Bíblia diz para tomarmos cuidado a fim de não cairmos (ver 1 Coríntios 10:12). Esses exemplos são como um aviso. Nosso desejo é que todos aprendamos com essas histórias tristes e permaneçamos em um lugar de humildade; encorajo você a permanecer na sabedoria do Senhor e a ficar perto Dele. Precisamos permanecer em Seus caminhos, para que não nos tornemos vítimas das artimanhas do inimigo.

GRAÇA BÍBLICA *VERSUS* HIPER GRAÇA

Algumas pessoas podem questionar Jesus quando Ele diz: *"Nunca o conheci"*. Elas podem pensar: *Como pode Deus nunca as ter conhecido? Como então elas operavam no sobrenatural?* É importante, ao estudar a Bíblia, aplicarmos a hermenêutica correta e permitir que as Escrituras interpretem as Escrituras, porque é assim que desenvolvemos a doutrina correta. Penso que Ezequiel nos dá uma ótima visão do que está acontecendo na passagem de Mateus 7 quando diz:

> Se, porém, um justo se desviar de sua justiça e cometer pecado e as mesma práticas detestáveis dos ímpios, deverá ele viver? *Nenhum de seus atos justos* será lembrado! Por causa da infidelidade de que é culpado e *por causa dos pecados que cometeu, ele morrerá.* (grifo nosso).

ACENDA A DINAMITE*

Se alguém se desvia de um lugar correto diante de Deus e volta à vida de iniquidade sem arrependimento, Deus não irá se lembrar de nenhum de seus atos justos. Esse é o equilíbrio da graça bíblica em contraste à hiper graça. As boas novas são que quando nos arrependemos e nos voltamos para Deus e Sua justiça, a Bíblia diz que Ele se esquece de nossa iniquidade (ver Hebreus 8:12). Tão longe quanto o Oriente está do Ocidente, Ele removeu nossas transgressões de nós (ver Salmos 103:12). No entanto, da mesma maneira, se nos afastarmos de Deus e voltarmos a praticar iniquidade, Deus não irá se lembrar de nós e nem das boas obras que fizemos

OS DONS SÃO IRREVOGÁVEIS

As pessoas me perguntam com frequência: *Como é possível alguém se mover nos sinais e maravilhas e ainda estar envolvido em alguma forma de prática pecaminosa habitual?*

Em Romanos 11:29 a Bíblia diz: *"porque os dons e a vocação de Deus são irrevogáveis"*. A versão King James em português descreve-os como sendo *"sem arrependimento"*. Isso significa que os cristãos podem estar operando em seus dons ou chamados e movendo-se em poder e, contudo, infelizmente, ainda estarem praticando pecado habitual. Se eles continuarem sem arrependimento, irão por fim afligir o Espírito Santo retirando-o de seus corações e começarão a operar a partir de um espírito impostor. É aí que passam a operar falsos sinais e maravilhas.

Podemos ser pregadores ungidos e poderosos nas Escrituras, assim como Apolo; podemos nos mover em sinais, maravilhas e na unção e, ainda assim, em nossa vida pessoal podemos estar em pecado habitual. Em nossa vida cotidiana, assim como em nosso ambiente de trabalho ou em casa, podemos estar roubando dinheiro, ou estarmos viciados em pornografia. E assim nosso caráter cai. Isso pode ser muito prejudicial para as pessoas que estamos tentando alcançar com o Evangelho e pode também ter efeitos devastadores em nossa salvação eterna.

No entanto, no outro lado da moeda, se nosso caráter estiver no lugar certo, se formos humildes, ensináveis, honestos e estivermos demonstrando o fruto do Espírito em termos de caráter; isso por si só é um testemunho e fala mais que mil palavras. Jesus disse: *"Assim, pois, pelos seus frutos os conhecereis"* (Mateus 7:20).

VOCÊ SABERÁ PELOS FRUTOS

Sabemos que uma laranjeira é uma laranjeira porque ela produz laranjas. Sabemos que uma macieira é macieira porque produz maçãs. Normalmente, não discernimos uma macieira pelo sistema de raiz, nem pelo tronco, mas reconhecemos a árvore pelo fruto que ela produz. Da mesma maneira, se cristãos declarados estão produzindo pecado habitual em suas vidas, então precisamos questionar se eles são cristãos genuínos. Mas se eles estão produzindo o fruto do Espírito em suas vidas, então isso é evidência de um genuíno coração nascido de novo. *"O temor do Senhor é o princípio da sabedoria"* (Provérbios 9:10). Minha oração é que este capítulo faça com que você tenha um temor saudável do Senhor. Quando estamos maravilhados com Deus, tememos virar as costas para Ele e voltar para um lugar de pecado habitual. Mesmo que vejamos milagres e operemos no sobrenatural, não queremos jamais entrar na ilegalidade e no engano do pecado.

FRAQUEZA OU PERVERSIDADE

Há uma diferença entre *fraqueza* e *perversidade*. Então, a passagem onde Jesus diz: *"Nunca os conheci. Afastem-se de mim vocês que **praticam** o mal"*, a palavra *praticar* refere-se a pecado contínuo sem arrependimento. Isso entraria na categoria de *perversidade*. Quando as pessoas pensam que podem continuar na imoralidade sexual ou em pecado habitual, e ainda ministrar no nome de Jesus; isso é perversidade.

Há uma diferença quando temos um momento de fraqueza e cometemos um erro, mas nos arrependemos. 1 João 2:1 diz: *"Filhinhos meus, estas coisas vos escrevo para que não pequeis. Se, todavia, alguém pecar, temos Advogado junto ao Pai, Jesus Cristo, o Justo"*. Diz 'se alguém pecar'. Não diz *quando você pecar*. Diz *se alguém pecar*. Então, um cristão pecar não deveria ser algo normal. Diz que se pecarmos, temos um advogado; temos Jesus que está a nosso favor, e Ele nos limpa de nossos pecados. Há uma diferença entre fraqueza e perversidade. Precisamos ter cuidado porque é possível cair no engano de praticar a iniquidade e ser perverso enquanto ainda realiza sinais e maravilhas.

Se você tem uma área de fraqueza ou se você teve um dia ou semana ruim, quero encorajar você a não cair em um lugar de condenação, pensando que o poder de Deus não pode mais fluir através de você. Só porque você teve um dia ruim, ou está se sentindo fraco, isso não significa que Seu poder irá deixá-lo ou que você perdeu a sua salvação. A Bíblia diz que a unção habita (ver 1 João 2:27), ela não vem e vai dependendo se você está tendo um dia ruim ou não.

A Bíblia nos chama para sermos santos assim como Ele é Santo (ver 1 Pedro 1:16). Então, é claro, queremos encorajar as pessoas a andarem em santidade e caráter correto. No entanto, se você tiver um dia ruim, não caia no lugar da dúvida, pensando que o poder não pode mais operar através de você. Precisamos de equilíbrio. Tanto a "hiper graça" quanto a "hiper santidade" são perigosas. Queremos alertar as pessoas sobre a perversidade, mas não queremos que se sintam condenadas se forem fracas em uma área. Não há condenação para os que estão em Cristo Jesus; que não andam de acordo com a carne, mas de acordo com o Espírito (ver Romanos 8:1). Não andamos ou praticamos as obras da carne, mas andamos no Espírito. Se tropeçarmos no pecado, confessamos e nos arrependemos. Temos Jesus como nosso advogado que nos limpa do pecado. Sacudimos a poeira e agradecemos a Deus porque não há condenação. Ficamos naquele lugar de fé, sabendo que a unção é para os cristãos e habita neles. Permanecemos em fé, acreditando que os doentes ainda podem ser curados mesmo se estivermos tendo um dia ruim.

E finalmente, quando tivermos um momento de fraqueza ou tropeçarmos na carne, isso não muda quem somos. É por isso que saber nossa identidade em Cristo é tão importante. A Bíblia diz que quando nos tornamos nascidos de novo e somos cheios com o Espírito, somos feitos justos. Não é de acordo com nossa própria justiça; Ele nos deu a *Sua* justiça (ver 2 Coríntios 5:21). A Bíblia diz que já tivemos uma natureza pecadora (ver Romanos 6:6), mas agora, através de Jesus Cristo e de Sua obra consumada da cruz, somos participantes da Sua natureza divina (ver 2 Pedro 1:4).

Capítulo 8

Sinais e maravilhas
COM A VERDADE

Em nossa busca para acender a dinamite, que nunca esqueçamos que a coisa mais importante é ver as pessoas salvas através da pregação do Evangelho.

Operar em sinais e maravilhas é uma forma de ajudar a levar as pessoas até Jesus. Milagres são sinais que fazem as pessoas se questionarem, que aponta às pessoas o caminho. É semear uma semente que ajuda a conduzi-las à salvação. O apóstolo Paulo disse na Bíblia: *"Eu plantei, Apolo regou; mas o crescimento veio de Deus"* (1 Coríntios 3:6). Em última análise, Deus é quem salva almas.

ANUNCIANDO TODO O CONSELHO DE DEUS

Não queremos demonstrar o poder sobrenatural de Deus e ver pessoas curadas, mas negligenciar compartilhar a mensagem vivificante do Evangelho pleno com elas. É o Evangelho que é o poder de Deus para a salvação (ver Romanos 1:16). Sinais e maravilhas seguirão a pregação do Evangelho; de fato, eles deveriam apoiar a pregação do Evangelho. Deus quer verdadeiramente curar as pessoas, mas seria muito triste se seus corpos fossem curados, mas elas ainda estivessem caminhando para o inferno.

Em João 5:14, Jesus curou um homem no Sábado, e isso causou uma comoção entre os líderes religiosos. Depois que Jesus curou o homem, Ele se retirou da multidão. É muito provável que Ele soubesse que os líderes religiosos o perseguiriam por curar no Sábado. Mais tarde, Jesus encontrou o homem que havia curado no templo e disse-lhe: *"Olha que já estás curado; não peques mais, para que não te suceda coisa pior"* (João 5:14). Jesus não somente curou o corpo do homem; Ele lhe deu a verdade que libertaria sua alma (ver João 8:32). A verdade é que não devemos continuar pecando; precisamos nos arrepender do pecado e rendermos nossa vida a Deus. Essa é uma parte crucial do Evangelho que deve ser proclamada.

Não podemos confiar apenas nos milagres para conduzir as pessoas a Jesus; não podemos ter medo de dizer a verdade às pessoas. Às vezes, milagres farão com que as pessoas caiam de joelhos e entreguem suas vidas a Ele, mas às vezes não.

A Bíblia diz que Jesus é cheio de graça *e* verdade (ver João 1:14). Como cristãos, precisamos ter cuidado para não vermos Jesus apenas através das lentes da graça e esquecermos a necessidade da verdade. Por outro lado, às vezes somente vemos Jesus através das lentes da verdade e esquecemos Sua graça. Cristãos maduros entendem a necessidade de ambas — graça e verdade. Eles entendem que Jesus é tanto Leão quanto Cordeiro.

Havia momentos em que Jesus repreendia cidades inteiras.

Jesus disse:

> *Ai de ti, Corazim! Ai de ti, Betsaida!* Porque, se em Tiro e em Sidom, se tivessem operado os milagres que em vós se fizeram, há muito que elas se teriam arrependido, assentadas em pano de saco e cinza.
>
> — Lucas 10:13, grifo nosso

Jesus liberou Sua graça e bondade através de muitos sinais e maravilhas nessas cidades, mas não levou seus habitantes ao arrependimento. Isso entristeceu Seu coração porque Ele os amava. Jesus não desejou ver essas cidades perecerem, ao contrário, as amou o suficiente para falar a verdade e alertá-las da destruição que viria.

Milagres somente não salvam ninguém. A verdade do Evangelho é o poder de Deus para salvação (ver Romanos 1:16). Celebramos os milagres e celebramos os sinais e maravilhas, mas não podemos omitir a verdade salvífica do Evangelho.

Deixe-me compartilhar com você uma história de como sinais e maravilhas ajudaram um homem que estava buscando encontrar a verdade absoluta de Jesus.

Alguns anos atrás, minha esposa e eu plantamos nossa primeira igreja em Queensland. Um *cara* chamado Donovan começou a frequentar nossos cultos. Depois de um culto de domingo, eu estava conversando com Donovan e descobri que ele fora convidado para vir à igreja por uma das equipes que evangelizavam nas ruas. Donovan me contou sobre sua jornada tentando descobrir a verdade. O problema era que ele estava buscando em todos os lugares errados. Ele havia estado com os maçons, no templo budista, no templo hindu, com os mórmons, e havia tentado toda uma série de outros caminhos espirituais falsos. Ele era um cara legal, e eu podia dizer que ele era genuíno em sua busca, mas ele disse que não estava convencido de que havia encontrado a verdade.

Nesse culto em particular, eu estava ensinando sobre milagres e compartilhando testemunhos das nossas equipes de rua sobre Deus curando e operando sinais e maravilhas. Donovan estava intrigado; ele não havia ouvido sobre milagres em nenhuma outra fé que havia conhecido.

Mais tarde naquela semana, eu estava liderando um pequeno grupo em um estudo bíblico quando de repente recebi uma ligação de Donovan, e ele parecia estressado. Seu melhor amigo acabara de ser atropelado por um ônibus e levado às pressas para a unidade de Terapia Intensiva no hospital Royal Brisbane. Ele temeu pela vida de seu amigo e em seu desespero para encontrar ajuda, ele não ligou para os maçons, ele não ligou para o templo budista ou hindu — ele ligou para nós. Ele ligou para os cristãos. Ele ligou para as pessoas certas porque Jesus é Aquele que cura e liberta! Jesus é o caminho, a verdade e a vida (ver João 14:6).

Naquele momento, senti o Espírito Santo me apressando para ir ao hospital com Donovan. O pequeno grupo deu início a um momento de oração e intercessão pelo amigo e eu corri para o hospital. Quando Donovan e eu chegamos ao hospital, soubemos que os ferimentos de seu amigo eram graves. Assim como os cortes, inchaços e hematomas que cobriam seu corpo, ele estava com o fígado dilacerado e um pulmão perfurado. Ele estava em uma situação complexa.

Recebi permissão para orar por ele no quarto do hospital. Coloquei minhas mãos sobre ele e fiz uma oração simples. Para ser honesto, não senti nada. Às vezes, quando oramos pelas pessoas, sentimos algo; podemos sentir a presença do Espírito Santo encher o lugar. Mas nessa ocasião, não senti nada. Apenas orei pela fé, sem medo do que sua família ou qualquer outra pessoa estivesse pensando de mim. Apenas cri e decretei a Palavra sobre ele. Fiquei com ele por apenas dez minutos.

No dia seguinte, Donovan me ligou animado. Durante a noite, ele dormiu no quarto de seu amigo para fazer companhia. Com seus próprios olhos, ele viu cada hematoma sumir visivelmente! Pela manhã, todos os hematomas de seu amigo haviam desaparecido! Dentro de três dias, ele estava completamente curado, incluindo os ferimentos graves em seus órgãos vitais!

Donovan havia testemunhado um milagre. Em meio à sua busca pela verdade, em meio a explorar outras religiões e práticas espirituais, ele ligou para pedir ajuda a um cristão. Por quê? Porque quando ele foi para igreja no domingo, ele ouviu que nosso Deus cura. A recuperação milagrosa de seu amigo foi um sinal e maravilha que levou Donovan a Jesus! Foi o poder de Deus que abriu o coração de Donovan para se arrepender e abriu o caminho para eu compartilhar todo o Evangelho de Deus com ele. O milagre abriu seu coração para receber a verdade que ele estava procurando. Eu disse a ele: *"Você tem de se arrepender do pecado, você tem de se afastar da sua vida de trevas. Não há outro Deus. Você não pode seguir falsos deuses, ou falsos espíritos e práticas"*.

Compartilhei com ele o Evangelho completo encontrado em Jesus Cristo, e ele aceitou alegremente a Jesus Cristo em sua vida como Senhor e Salvador. Ele se conectou em uma igreja local e terminou conduzindo muitas pessoas a Jesus por si só.

Pregar a verdade, declarando Jesus como o único caminho ou sobre a necessidade de se afastar do pecado, é essencial. Jesus disse: *"E conhecereis a verdade, e a verdade vos libertará"* (João 8:32).

O EVANGELHO QUE SALVA O HOMEM, NÃO UM EVANGELHO FALSO QUE AGRADA AO HOMEM

Acredito que às vezes evitamos a dura verdade porque queremos que todos gostem de nós. Isso é agradar ao homem antes de agradar a Deus e, de fato, resume-se ao temor do homem.

Não me leve a mal; não queremos ser desagradáveis. É bom ser gracioso e amoroso, e é bom quando as pessoas se agradam de nós. No entanto, precisamos entender que, como cristãos, nem todos irão gostar de nós. Na verdade, às vezes você será odiado, assim como Jesus foi. Seguir a Jesus significa que seremos perseguidos. Jesus disse: *"Se o mundo vos odeia, sabei que, primeiro do que a vós outros, me odiou a mim"* (João 15:18). Como cristãos, amamos falar sobre as promessas preciosas de Deus nas Escrituras. Amamos as promessas de cura, libertação e liberdade; e de fato devemos amá-las, pois essas promessas incríveis são fundamentais para nossa fé. Às vezes, no entanto, nos esquecemos da promessa de perseguição. Esquecemos que Jesus disse: *"Se me perseguiram a mim, também perseguirão a vós outros"* (João 15:20). É devido a essa dura verdade que o mundo nos odeia e nos persegue.

Acredito que é por isso que às vezes nos esquivamos de pregar todo o Evangelho e toda a verdade da Bíblia com relação a certos assuntos. Se tememos o homem mais do que a Deus, passamos a temer ser odiados pelo mundo e alteramos a mensagem para nos tornarmos mais agradáveis. Essa é uma coisa séria e perigosa de se fazer. O apóstolo Paulo alertou a Igreja severamente contra perverter o Evangelho verdadeiro dizendo: *"Se alguém anuncia a vocês um evangelho diferente daquele que já receberam, que seja amaldiçoado!"* (Gálatas 1:9, NVI). Quando pervertemos o Evangelho para agradar aos homens, não estamos apenas impedindo os outros de serem libertos, mas nos colocando sob maldição. Quando agradamos aos homens em vez de agradarmos a Deus, deixamos de servir a Cristo e começamos a servir aos homens. Paulo continua dizendo: *"Acaso busco eu agora a aprovação dos homens ou a de Deus? Ou estou tentando agradar a homens? Se eu ainda estivesse procurando agradar a homens, não seria servo de Cristo"* (Gálatas 1:10).

A Palavra de Deus é descrita como uma espada (ver Hebreus 4:12). Seu propósito não é divertir os ouvidos, mas sim penetrar corações. Ela traz convicção e mudança. Então não amenize, pregue a verdade de Deus! A Bíblia diz: *"E conhecereis a verdade, e a verdade vos libertará"* (João 8:32).

VERDADE EM DETRIMENTO DE SEGUIDORES

João 6 é um ótimo exemplo do ministério de Jesus e do desejo de Seu coração de pregar a verdade.

ACENDA A DINAMITE*

A Bíblia diz: "*Seguia-o numerosa multidão, porque tinham visto os sinais que ele fazia na cura dos enfermos*" (João 6:2). As multidões seguiam a Jesus por causa dos Seus sinais, e ainda hoje é importante para nós entendermos que esses sinais e maravilhas irão atrair multidões. Isso não é algo ruim, mas Jesus não estava no ministério para entreter as multidões com milagres. Em vez disso, Sua missão principal era fazer discípulos. Para fazer isso, Ele pregava com frequência a dura verdade (ver João 6:60). É a verdade dura que expõe os motivos do coração. A Bíblia diz que é a verdade da Palavra que é "*apta para discernir os pensamentos e propósitos do coração*" (Hebreus 4:12). Alguns seguiam Jesus pelos milagres, outros por comida (ver João 6:26). E o mesmo pode acontecer hoje. Mas apenas aqueles que seguem Jesus por causa da verdade encontram a vida eterna. Jesus disse: "*Eu sou o caminho, e a verdade, e a vida; ninguém vem ao Pai senão por mim*" (João 14:6).

Jesus estava disposto a pregar a verdade em detrimento de seguidores. Suas palavras eram espírito e vida (ver João 6:63), mas a multidão achava que Sua mensagem era dura demais, então rejeitaram a vida eterna. Até alguns de Seus discípulos viraram as costas porque acharam Suas palavras muito difíceis de ouvir: "À vista disso, muitos dos seus *discípulos o abandonaram e já não andavam com ele*" (João 6:66). É verdadeiramente um momento triste quando alguém não recebe a verdade e acaba abandonando Jesus.

Jesus até reconheceu que os doze apóstolos estavam tendo dificuldade com a dureza de Sua mensagem, então lhes perguntou: "*Porventura, quereis também vós outros retirar-vos?*" (João 6:67). A resposta de Pedro foi incrível! Ele disse: "*Senhor, para quem iremos? Tu tens as palavras da vida eterna*" (João 6:68). Para Pedro e os apóstolos, não havia outra opção. Para onde eles poderiam ir? Eles podem não ter entendido tudo o que Jesus estava dizendo naquele momento, mas sabiam que Jesus era o Messias, que Ele era Deus, e que somente Ele tinha as palavras de vida eterna.

Às vezes me pergunto se nós cristãos passamos a temer que as multidões virem as costas para a igreja, ou não queremos perder seguidores em nosso Facebook e Instagram, e por isso evitamos a dura verdade. Na época em que estava escrevendo este capítulo, meu amigo Ben Fitzgerald postou uma passagem sobre a homossexualidade ser pecado. Ele disse que a maioria dos seus posts geralmente têm muito engajamento e ele tende a ganhar mais seguidores diariamente. No entanto, depois de postar sobre homossexualidade, ele perdeu quinhentos seguidores em uma hora. Deus seja louvado, essa perda de seguidores não o mudou. Ele continuou seguindo suas convicções e não se curvando ao temor do homem. Mas, infelizmente, acredito que muitos ministros evitam pregar toda a verdade porque temem perder seguidores.

A DURA VERDADE DE HOJE

Quais são alguns dos dizeres duros hoje? Há uma quantidade imensa de pressão hoje contra falar a verdade sobre o pecado.

Um exemplo, como mencionado aqui, seria o assunto da homossexualidade. Estamos somente dispostos a ver os doentes curados? Ou também estamos dispostos a compartilhar a verdade de que você não pode continuar em práticas homossexuais, ou qualquer outra prática pecaminosa, e entrar no Reino de Deus?

A pastora Margaret Court é outra boa amiga minha, e ela tem sido criticada com frequência por compartilhar ousadamente a verdade quando o assunto é sexualidade humana. Devido à sua devoção inabalável à Palavra de Deus, ela é excluída com frequência e muito perseguida no mundo do tênis. Para quem não sabe, Margaret Court é a maior tenista de todos os tempos. Ela ganhou mais *Grand Slams* e torneios do que qualquer outro jogador na história, incluindo Serena Williams, Rod Laver e Rodger Federer. Ela devia ser celebrada como qualquer outra campeã mundial, mas, infelizmente, ela é condenada com frequência por simplesmente pregar a Bíblia. Ela é um grande exemplo de alguém que não evita pregar a verdade, e o faz com muita graça e amor.

E quanto à atividade sexual fora do casamento? Sexo é uma coisa boa, planejada por Deus para a aliança do casamento. Mas quando você é solteiro, uma pessoa que não é casada, se o seu relacionamento se tornou sexual, então você precisa se arrepender.

Precisamos nos perguntar: estamos dispostos a ser como João Batista? João disse ousadamente ao Rei Herodes que seu relacionamento adúltero era errado.

Estamos dispostos a pregar o Evangelho confrontando o pecado e falando sobre arrependimento? O Evangelho é as boas novas para aqueles que se afastam do pecado. Quando nos arrependemos, a Bíblia diz que Jesus *"nos libertou do império das trevas e nos transportou para o reino do Filho do seu amor"* (Colossenses 1:13). Mas é necessário o elemento de arrependimento com o conselho completo de Deus e, com frequência, esse é o aspecto impopular do Evangelho.

A razão pela qual evitamos a verdade é porque não queremos balançar o barco, mas Jesus não teve medo de fazer isso! Ele entendia que a verdade liberta as pessoas. Não devemos evitar pregar a verdade e deixar que os milagres sejam um sinal para Jesus. Concluindo, vamos continuar a acender a dinamite, operando no poder sobrenatural de

Deus, curando os doentes e expulsando demônios; mas que nunca omitamos a verdade! O poder que opera milagres deve sempre acompanhar e apoiar a verdade da Palavra de Deus e do Evangelho.

Capítulo 9

Ressuscitando OS MORTOS

Na cultura cristã moderna, notei que ressuscitar os mortos se tornou um assunto deixado de lado. Isso não é verdade para todos, pois tenho alguns ótimos amigos que viram milagres incríveis, incluindo várias pessoas ressuscitadas dos mortos. Mas, no geral, penso que é seguro dizer que em nossa cultura na igreja ocidental esse é um assunto que não é ensinado com tanta frequência quanto cura ou liderança.

Pode haver algumas razões justas para isso. Eu sei que não tive muitas oportunidades de ressuscitar os mortos. Em nossa cultura ocidental, o momento da morte é diferente de países como a África ou o México. Nossas práticas médicas são mais rigorosas e não são tão tolerantes com o fato de ter alguém orando por uma pessoa morta. É difícil ir ao necrotério ou obter a permissão do oficial da ambulância para orar por alguém que acabou de morrer. Então, há razões justas pelas quais não vemos isso em muitos ministérios.

RESSUSCITAR OS MORTOS É ESSENCIAL

Ao dizer isso, quero reconhecer que ressuscitar os mortos está no cerne de nossa crença cristã. Jesus Cristo morreu na cruz por nossos pecados, mas Ele também ressuscitou dos mortos. Sua morte e ressurreição são fundamentais para nossa salvação: *"E, se Cristo não ressuscitou, é vã a vossa fé, e ainda permaneceis nos vossos pecados"* (1 Coríntios 15:17). Isso nos mostra o quanto a ressurreição é fundamental para a nossa salvação! Se não crermos que Jesus ressuscitou, então a nossa fé é fútil, e estamos ainda mortos em nossos pecados. Não devemos ver a ressurreição de mortos como um assunto marginal, ele na verdade está no cerne do cristianismo!

O milagre de ressuscitar os mortos também é um dos milagres que não pode ser falsificado pelo diabo. Na Bíblia, vemos o diabo falsificar vários milagres. Simão, o feiticeiro, tinha tanto poder demoníaco que o povo o comparou a um deus (ver Atos 8:9-10). Quando Moisés entrou na corte real de Faraó, ele enfrentou dois feiticeiros que zombaram de Deus copiando o mesmo milagre que o Senhor designara a Moisés e Arão (ver Êxodo 7:10-12). Mas há um milagre que o diabo não consegue falsificar: a ressurreição de mortos. Apenas Deus pode fazer com que o espírito de uma pessoa volte ao seu corpo; apenas Deus pode criar vida.

RESSUSCITANDO OS MORTOS NAS ESCRITURAS

Ressuscitar os mortos não foi um acontecimento único para Jesus limitado à Sua própria ressurreição. Ao longo das Escrituras, há muitas ocasiões em que as pessoas foram ressuscitadas dos mortos. Além disso, não foi somente Jesus quem ressuscitou mortos! Vários personagens bíblicos ressuscitaram mortos através do poder sobrenatural de Deus.

No Antigo Testamento, há vários relatos dos mortos voltando à vida. Em 1 Reis 17:24, Elias orou a Deus e a vida voltou ao filho da viúva. Em 2 Reis 4:18-37, Elias ressuscitou o filho da mulher Sunamita. Em 2 Reis 13:20-21, na verdade, ninguém orou para o morto ressuscitar, mas um homem voltou à vida depois de tocar os ossos de Eliseu! Acredito que essa ocasião foi um ato soberano de Deus, onde havia unção residual sobre os ossos de Eliseu, o que trouxe de volta o espírito do homem.

O primeiro relato de ressurreição de mortos do Novo Testamento foi quando Jesus trouxe de volta o filho da viúva em Lucas 7:11-17. Na verdade, era o funeral do menino, mas Jesus intervém e muda o plano. O filho foi trazido de volta à vida, e Jesus transformou o que era para ser um funeral em uma festa de louvor e adoração. Teria sido engraçado nos dias de Jesus, imagino, se os agentes funerários tivessem ficado preocupados em perder o seu negócio! Ouvi Bill Johnson dizer: "Jesus arruinou todos os funerais aos quais compareceu, incluindo o Seu próprio".

ACENDA A DINAMITE*

O próximo relato do Novo Testamento em que lemos sobre a ressurreição dos mortos é o da filha de Jairo, em Lucas 8:52-56, e depois o de Lázaro de Betânia, em João 11.

Em seguida, há um relato interessante de uma ressurreição em massa em Mateus 27:50-53. Isso aconteceu por volta da mesma hora da própria morte e ressurreição de Jesus. Acredito que Deus fez com que os túmulos se abrissem e os mortos voltassem à vida como um sinal e maravilha soberanos para confirmar a morte e ressurreição de Jesus Cristo.

Em seguida, em Atos 9:36, Pedro ressuscita Tabita dos mortos. É interessante notar que a Bíblia diz que muitos creram em Deus depois de testemunhar esse milagre. Na verdade, lemos algo parecido quando Elias ressuscitou o filho da viúva. A Bíblia diz que depois que seu filho ressuscitou, a viúva disse a Elias: *"Nisto conheço agora que tu és homem de Deus e que a palavra do Senhor na tua boca é verdade"* (1 Reis 17:24). Ressuscitar os mortos é um sinal poderoso que confirma o Evangelho e a Palavra de Deus.

Um dos meus relatos favoritos de ressurreição de mortos na Bíblia é encontrado em Atos 20:7-12. As pessoas estavam famintas para ouvir a Palavra de Deus, e Paulo estivera pregando por horas a fio. Quando chegou meia-noite, um jovem chamado Êutico ficou sonolento, caiu de uma janela no terceiro andar e morreu. Paulo não ficou perturbado pela morte repentina, em vez disso, desceu até o garoto, o abraçou e orou para que ele voltasse à vida!

Quando leio esse relato, me pergunto como Paulo teria continuado pregando em nossa cultura moderna ocidental, com nossos cultos começando e terminando exatamente no horário. Você pode imaginar, com as regras atuais de saúde e segurança, que toda a igreja teria entrado em pânico e chamado a ambulância! É incrível o quanto Paulo estava indiferente a uma morte durante o seu sermão. Ele apenas trouxe o menino à vida e então continuou a pregar!

Esses, é claro, são apenas relatos de ressurreição que conhecemos; histórias que foram escritas e registradas na Bíblia. Mas João 21:25 diz: "***Há, porém, ainda muitas outras coisas que Jesus fez****. Se todas elas fossem relatadas uma por uma, creio eu que nem no mundo inteiro caberiam os livros que seriam escritos. Amém*" (grifo nosso).

Acredito que isso é verdade tanto para o Antigo quanto para o Novo Testamentos; nem tudo foi escrito porque não haveria páginas suficientes para relatar os milagres.

Há muitos relatos bíblicos para mostrar que ressuscitar mortos é algo que Deus faz. Acredito que é algo que precisamos insistir em fazer hoje, porque queremos que muitos creiam na Palavra de Deus, e queremos que as pessoas saibam que o que estamos dizendo não são apenas palavras vazias. Como Paulo disse: "*A minha palavra e a minha pregação não consistiram em linguagem persuasiva de sabedoria, mas em demonstração do Espírito e de poder*" (1 Coríntios 2:4). Provavelmente, não há milagre mais poderoso, além da salvação, do que ressuscitar os mortos!

COMO DEVEMOS ORAR?

Ao ressuscitar os mortos, vemos Pedro usando sua autoridade em Cristo, ordenando que a vida volte, mas também o vemos orando e se comunicando com Deus. Às vezes, as pessoas perguntam: *devemos orar e pedir a Deus para ressuscitar os mortos, ou devemos usar nossa autoridade e ordenar que o morto ressuscite?*

Eu diria que devemos fazer as duas coisas.

Frequentemente, quando oramos, também estamos ouvindo e falando com Deus para que possamos posicionar nosso coração, alma e mente para estarem em um lugar de fé.

Às vezes, quando um membro da família morreu e há muitas emoções, é fácil para a nossa alma não estar em um lugar de fé. Na Bíblia, vemos Eliseu e Pedro fechando a porta para a família e ficando sozinhos com o morto. Acredito que isso aconteceu para que pudessem ter comunhão com Deus de forma apropriada, bloquear distrações e entrar em um lugar de fé. Nem sempre é possível criar esse ambiente, mas se você tiver oportunidade, recomendo que o faça. Mas, por fim, precisamos viver sempre prontos para ressuscitar os mortos, não importa as circunstâncias que enfrentemos.

VIVENDO EM FÉ E USANDO NOSSA AUTORIDADE

Vemos o exemplo bíblico de Pedro orando e usando sua autoridade, e deveríamos fazer o mesmo. Devemos buscar a Deus em oração, e então usar a nossa autoridade!

É tudo sobre viver a vida com Deus, trabalhando em parceria com Ele e buscando a Sua ajuda. Então, uma vez que estamos em um lugar de fé e nossa alma está firmada, vamos em frente! Falamos ao espírito da pessoa e o chamamos de volta ao corpo.

Orar em línguas é também uma ferramenta poderosa para edificar a nossa fé (ver Judas 1:20). Pode haver ocasiões em que você precise ter mais tempo em oração antes de ir até a pessoa. E se você tiver essa oportunidade de ressuscitar os mortos, entre realmente na situação com ousadia e fé. Haja a partir de um lugar de comunhão com Deus e de confiança na sua autoridade e no que a Bíblia diz. Vá e chame aquela pessoa de volta à vida!

TESTEMUNHOS DOS DIAS ATUAIS

Depois de analisarmos os fundamentos bíblicos, agora quero olhar para os testemunhos da Igreja dos dias de hoje. Ressuscitar os mortos não foi algo somente para Pedro e Paulo, mas Jesus de fato encorajou a todos os cristãos a ressuscitar os mortos como um estilo de vida. Jesus considerou ressuscitar os mortos como uma parte normal da missão. Mateus 10:5-8 diz:

> A estes doze enviou Jesus, dando-lhes as seguintes instruções: Não tomeis rumo aos gentios, nem entreis em cidade de samaritanos; Mas, de preferência, procurai as ovelhas perdidas da casa de Israel; E, à medida que seguirdes, pregai que está próximo o reino dos céus. Curai enfermos, *ressuscitai mortos,* purificai leprosos, expeli demônios; de graça recebestes, de graça dai. (grifo nosso)

Pregar o Reino, curar os doentes e expulsar demônios — essas são todas as coisas que devemos praticar como parte da nossa fé cristã, assim como ressuscitar os mortos! Deus nos deu o Seu poder e nos fez novas criaturas. Demos trazer vida às pessoas, e uma das maneiras de fazer isso é literalmente ressuscitar os mortos quando tivermos a oportunidade.

Muitas pessoas que conheço pessoalmente viram várias mortos ressuscitarem. E claro, há os heróis da fé do passado tais como Smith Wigglesworth e John G. Lake, que documentaram muitos casos de mortos sendo ressuscitados.

Um amigo meu, David Hogan, viu mais de sessenta pessoas ressuscitadas nos últimos vinte anos de seu ministério. Incluindo seu neto!

O neto de David foi picado por um enxame de abelhas assassinas no México. É interessante porque David não teve a chance de estar lá pessoalmente e impor as mãos sobre o menino. Em vez disso, ele orou pelo FaceTime, e literalmente assistiu o espírito voltar ao seu neto conforme ele voltava à vida.

Também conheço duas pessoas da nossa comunidade que estavam na conferência de David Hogan e ouviram seus testemunhos sobre ressuscitar os mortos. Essas duas pessoas são enfermeiras e foram inspiradas pelos testemunhos de David. Então, quando surgiu a oportunidade de verem duas pessoas ressuscitarem, elas a agarraram. Elas fizeram a oração de fé, e Jesus trouxe as duas pessoas de volta à vida!

Meu mentor e colaborador neste livro, Frank Clancy, já viu várias pessoas sendo ressuscitadas. Incluí a seguir um de seus testemunhos maravilhosos. Isso irá encorajar você a crer que ressuscitar os mortos com certeza ainda está acontecendo e esse poder de Deus ainda é para os nossos dias!

FRANK CLANCY — RESSUSCITANDO MORTOS DO LADO DE FORA DO MCDONALD'S

Anos atrás, era por volta das dez da manhã quando eu estava a caminho da igreja. De repente, houve um acidente de carro à minha frente. Um homem esteve bebendo e entrou em uma grande briga com sua mulher do lado de fora do McDonalds. O homem então atravessou correndo a rua e um caminhão o atropelou.

Ele estava à beira da estrada, e todos aqueles fluidos que cercam o cérebro estavam vazando da sua cabeça junto com o sangue. A cena era feia, muito feia!

Fui até o lugar onde a ambulância havia parado e disse:

—Posso ajudar, amigo? Posso orar por ele?

O oficial da ambulância respondeu:

— Não! Saia do nosso caminho. Estamos trabalhando aqui. Mas se você realmente quer fazer algo, traga a mulher dele.

A mulher dele estava parada ao lado da rua, arrancando os cabelos, gritando e amaldiçoando a Deus.

O oficial da ambulância me perguntou:

— Você pode acalmá-la?

Então, fui até ela e tentei acalmá-la; e ela me chutou naquele lugar! Pensei, "caramba, isso não é bom!". Mas tentei ajudar mesmo assim.

Então, uma daquelas grandes ambulâncias com todo o equipamento extra chegou, e os médicos ficaram em volta do homem, conectando-o a todo o equipamento. Lembro de segurar a esposa porque ela ficava atrapalhando, gritando, berrando e amaldiçoando a Deus.

Eu disse a ela:

— Em vez de amaldiçoar a Deus, Ele pode ajudá-la. Sou ministro, vamos orar juntos.

— Não, não. Deus não é bom — ela disse, continuando a fazer o que estava fazendo.

Eu insisti:

— Vamos orar se você se acalmar. Eu vou perguntar a eles se podemos orar, mas você precisa se acalmar; se não, eles vão me dizer para sumir daqui.

Fui até os oficiais da ambulância e perguntei se poderíamos orar.

Eles responderam:

— Não, já dissemos para você sumir daqui. Perdemos o homem, ele está morto.

E naquele momento, a mulher perdeu a cabeça. Acalmei-a novamente e disse-lhe:

— Vou pedir novamente se podemos orar agora. Mas eu preciso que você seja muito genuína. Se você orar comigo agora, Deus irá ressuscitá-lo. Mas eu preciso que você me ajude.

Fui até a ambulância mais uma vez, e disse ao oficial:

— Quero orar por ele. Agora.

O oficial disse:

— Já disse para você sair.

Insisti:

— Escute, amigo, ele está morto agora. Você fez tudo o que pôde, mas ele está morto. A esposa dele quer que oremos por ele agora. Pedi a você três vezes já, e se você não nos permitir, então vou procurar a autoridade máxima. Você vai estar em grandes problemas!

O oficial da ambulância disse:

ACENDA A DINAMITE*

— Então está bm.
Disse-lhe que queria impor as mãos sobre o corpo, e ele respondeu:
— Está bem, pegue o pé.
Peguei um pé, e a esposa pegou o outro.
Eu disse a ela:
— Você tem de acreditar comigo.
E ela disse:
— Tudo bem.
O homem já estava morto há cerca de cinco a dez minutos, com as partes de dentro de sua cabeça espalhadas pelo chão. Então, pegamos seus pés, e comecei a proclamar a vida de volta ao homem em nome de Jesus. De repente: pi-pi-pi! Todas as máquinas começaram a disparar novamente!
— Nós o recuperamos! — gritou o oficial da ambulância.
Eu disse:
— Não, você não, amigo. Deus o trouxe de volta. Você já viu isso antes?
O homem disse:
— Nunca vi isso acontecer antes em trinta anos neste trabalho.
Virei para a esposa e disse:
— Aí está, Deus o trouxe de volta.
Então, um grande helicóptero veio e o levou para o hospital. Dois dias depois, eu estava na casa deles, e a esposa disse:
— Ele está bem agora, está tudo bem. E sinto muito ter lhe chutado!

Acredito que todo cristão tem a habilidade de ver os mortos ressuscitarem! Todo cristão que é cheio do Espírito Santo tem o poder que opera milagres dentro de si, apenas precisamos acender a dinamite.

A Bíblia diz que Jesus traz vida abundante, e que é o diabo quem vem para matar, roubar e destruir (ver João 10:10). Nós podemos inverter a situação: podemos apertar o botão e transformar as circunstâncias para a glória de Deus!

Resumindo, creio que é importante saber se queremos ver o avivamento, se vamos acender a dinamite, porque haverá momentos em que as coisas ficarão loucas! Acender a dinamite não irá caber dentro do pacote certinho e arrumado do *"Culto de Domingo na igreja"*, que é previsível e funciona como um relógio. Não me leve a mal, horários podem ser algo bom, mas precisamos estar abertos ao mover do Espírito. O avivamento é bagunçado, a dinamite é explosiva! Pode acontecer ressuscitando alguém que caiu de uma janela no meio do culto ou levando um chute naquele lugar porque temos fé em meio a um acidente! Para acender a dinamite, precisamos estar dispostos e prontos para o fato de que tudo pode acontecer.

Capítulo 10

A jornada DE FRANK

Antes que você leia sobre a vida de Frank Clancy, quero dizer o quanto sou grato por ele. Frank não apenas foi um colaborador da minha salvação e libertação, como até hoje continua sendo um mentor e uma grande influência em minha vida. Imaginei que seria apropriado pedir que ele contribuísse com dois capítulos deste livro, por isso tenho certeza de que você será grandemente abençoado por seus ensinamentos, assim como eu tenho sido.

FRANK CLANCY

Deus tem sido muito bom comigo; Ele é um Deus muito paciente!

Fui criado como uma pessoa religiosa — rezava o rosário toda noite com meus pais. Mas eu não conhecia a Deus, não o conhecia nem um pouco. Vivia numa pequena cidade chamada Kilmore, no interior de Victoria, e era um jovem "vida louca" de vinte anos quando fui selecionado para servir ao meu país. De todos os meus amigos, eu fui o único convocado para o Exército. Muitos dos outros rapazes na época faziam oposição consciente ao alistamento, mas eu achei que talvez as Forças Armadas pudessem me endireitar um pouco.

Enquanto servi fora do país, muitas coisas ruins aconteceram, e eu bebia toda noite. Não tinha o hábito de beber com frequência antes de ir para o Exército; fazia isso apenas socialmente, em festas. Até ir para o Vietnã, eu não tinha vícios.

Lembro que toda vez que saíamos em campo para lutar contra as tropas inimigas, eu pensava: *Deus, se o Senhor me tirar dessa, quando voltar ao acampamento prometo ir direto para a igreja.* Fiz isso algumas vezes e, toda vez que voltava para o acampamento, eu ficava bêbado novamente.

Fiquei no Vietnã por um ano e um mês. Estive perto da morte muitas vezes, e vi bons homens morrerem. Eu estava muito assustado, muito irado e chorava muito. Comecei a odiar as pessoas. Voltei para casa, na Austrália, como um homem amargurado e estava numa situação muito ruim.

Para piorar as coisas, soube que dois *caras* do departamento de seguros e financiamento de casas estavam a caminho para conversar sobre tomar a minha casa devido a dívidas pendentes. Isso me deixou furioso! Eu acabara de arriscar minha vida servindo ao país no Vietnã e agora eles queriam tirar minha casa. Fiquei tão zangado que planejei pegar a minha arma e colocá-los para correr assim que se aproximassem da propriedade. Lembro de pensar: *Não me importo se for preso.* Eu não ia matá-los, mas queria machucá-los seriamente. Agora que olho para trás, fico feliz que não tenha seguido em frente com esses pensamentos sombrios.

A única coisa que estava dando certo na época era que eu conhecera minha esposa, Denny. Estávamos casados por volta de um ano quando ela engravidou. Ela teve dificuldades durante toda a gravidez e, dois meses e meio antes de dar à luz, foi levada ao hospital. O médico me chamou e disse: "Vamos precisar operar sua esposa. Você pode perder tanto ela quanto o bebê hoje à noite".

Desci à igreja católica e acendi todas aquelas velas. Eu disse a Deus: "Sei que quando estive em apuros no Vietnã, clamei a Ti e o Senhor me salvou, mas depois o ignorei. *Desta vez*, prometo, se o Senhor salvar minha esposa e o bebê, servirei ao Senhor".

No dia seguinte, minha filha Meagan nasceu prematura. Eu podia segurá-la na palma da minha mão e fiquei muito animado! No domingo, fui à igreja católica e, no meio da missa, andei até o altar, ajoelhei-me e disse: "Jesus! Estou sendo honesto, vou Te seguir agora!".

Não percebi que isso não era normal na igreja católica. Dois diáconos tentaram me tirar de lá, mas eu me livrei deles e disse: "Me deixem em paz, estou falando com Jesus!".

ACENDA A DINAMITE*

Dali em diante, perguntava a todos sobre Jesus. Eu ia à igreja católica e lia a minha Bíblia, mas não conseguia entender o que estava acontecendo.

Eu estava numa jornada para encontrar Deus. Sabia que Jesus era real, mas tinha medo de Deus Pai porque vivi um relacionamento rigoroso e condicional com meu pai. Ele era um bom pai, mas era um homem muito rigoroso e nosso relacionamento era difícil.

Um dia, conheci alguém da Assembleia de Deus que me convidou para ir à sua igreja.

Então, disse a Denny:

— Vou a essa igreja.

Denny rebateu:

— Não, somos católicos! Você não pode ir lá!

Mas eu insisti:

— Eu vou e ponto. Vou encontrar Deus.

Fui à igreja e eles fizeram um apelo de salvação, perguntando se alguém gostaria de aceitar a Jesus em sua vida. Então, fui à frente e fui salvo. E naquele momento entendi como era se relacionar com um Pai Celeste.

Corri para casa e disse:

— Denny, adivinhe! Sou nascido de novo!

Ela respondeu:

— Deixe de bobagem, você é católico!

Denny ainda não entendia o que havia acontecido, mas daquele dia em diante eu mudei. Ela disse: "Deve haver um Deus!"

Como disse antes, eu era um homem duro. Nunca machucaria minha esposa, mas eu gastava a maior parte de nossas economias com álcool e trabalhava o tempo todo. Depois de convidar Jesus para entrar em minha vida, entretanto, tornei-me um novo homem! A evidência de uma experiência verdadeira de novo nascimento é uma vida transformada, e Deus havia me transformado de dentro para fora. Denny começou a pensar que talvez estivessem acontecendo mais coisas do que eu dizia, porque agora eu era uma pessoa feliz! Antes disso, eu estava sempre carrancudo e mal-humorado.

Durante esse tempo, Jesus não somente consertou minha vida e meu caráter, mas também me usou para orar pelas pessoas — e elas eram curadas! Deus não somente honrou minha fé e curou enfermos através de mim, mas, surpreendentemente, também sarou as feridas da minha vida passada.

Eu ainda tinha muitas memórias ruins, e sempre que via algo que tinha a ver com o Exército, ficava zangado. Certa manhã, eu estava meio acordado, meio dormindo, quando tive uma visão. Eu estava na praia com Jesus e tinha várias caixas antigas de munição contendo acessórios para irrigação. Dentro das caixas estavam todas as minhas horríveis memórias. Jesus estava em um barco e me pediu para dar-lhe as caixas para colocar dentro do barco.

Peguei uma caixa e disse-lhe: "Esta não, Jesus, preciso trazer esse cara de volta". Eu tinha sérias problemas com meu antigo sargento; na verdade, eu o odiava. Ele costumava enviar soldados para o calor da batalha enquanto permanecia em sua tenda no acampamento. Ele sempre fazia *bullying* comigo e repreendia severamente as tropas. E eu sentia que não podia perdoá-lo.

Mas Jesus disse: "Me dê a caixa". Então, eu a entreguei.

Depois de colocarmos o restante das caixas no barco, Jesus pegou os remos e nos levou até o meio do oceano. Essa visão parecia tão real que eu podia ouvir até a respiração de Jesus conforme Ele remava o barco.

De repente, Jesus parou de remar e disse:

— Frank, jogue-as no mar.

Eu disse:

ACENDA A DINAMITE*

— Não. Não vou jogá-las, Jesus.

Jesus disse:

— Frank, jogue-as.

Então, fui pegando caixa por caixa e jogando para fora da embarcação. Eu podia vê-las chegarem até o fundo. Então, cheguei à caixa que eu não queria colocar no barco. Eu sabia que o que estava ali dentro tinha a ver com o sargento que eu odiava.

Jesus me disse:

— Você precisa jogar essa.

— Não, não vou jogá-la. Jogue o Senhor, Jesus.

— Não, você tem de fazer isso, Frank.

— Não, não vou fazer isso.

E Jesus disse com um tom de voz como o de um grande amigo:

— Apenas jogue a caixa, Frank.

Eu a peguei relutantemente e a lancei para fora do barco. Observei enquanto ela afundava até o fundo.

Jesus me disse:

— Você ainda consegue vê-la, Frank?

Eu respondi:

— Não.

Jesus começou a nos levar de volta à praia e disse:

— Foi tudo embora, Frank. Você vai ficar bem agora.

Ele me abraçou e disse:

— Você vai ficar bem daqui em diante.

Acordei e tudo tinha ido embora. Assim! Sem terapia, sem psiquiatras. Deus simplesmente carregou tudo. Muitos dos rapazes que conheci no Exército precisaram de terapia. Muitos deles foram mortos em combate ou tiraram suas próprias vidas, ou morreram de overdose, pois todos travavam lutas mentais. Quando acordei, porém, tudo havia ido embora! Ele tirou todo o ódio do meu coração, todo o medo e toda a depressão. Senti como se eu valesse um milhão de dólares, foi maravilhoso! Um toque de Jesus pode nos curar num instante. Agora, sou salvo há trinta e quatro anos e louvo a Deus por Seu poder dinamite que opera milagres. É lindo o que Deus pode fazer!

Capítulo 11

O poder dunamis,
POR FRANK CLANCY

> Bendize, ó minha alma, ao Senhor, e tudo o que há em mim bendiga ao seu santo nome. Bendize, ó minha alma, ao Senhor, e não te esqueças de nem um só de seus benefícios. Ele é quem perdoa todas as tuas iniquidades; quem sara todas as tuas enfermidades.
>
> — Salmos 103:1-3

Deus seja louvado! Não é possível separar a salvação do poder dunamis — eles andam juntos. E é dessa maneira desde o Antigo Testamento, quando o rei Davi disse: "... *não te esqueças de nem um só de seus benefícios. Ele é quem perdoa todas as tuas iniquidades; quem sara todas as tuas enfermidades"*. Sinais, maravilhas e milagres são parte da salvação.

A palavra *salvação* no original grego é *sozo*, que significa perdoado, salvo, curado e liberto.[10]

Ao longo dos evangelhos, aonde quer que Jesus fosse, sempre havia tanto cura quanto salvação; as duas coisas nunca se separavam. Quando comissionou os discípulos em Lucas 10 e Mateus 9, Ele deixou claro que eles deveriam ir e curar as pessoas de todas as doenças. Não somente de *algumas doenças*, mas de todas elas! E anunciar que o Reino de Deus estava próximo!

A mensagem do Reino deveria ser entregue com uma demonstração de poder. Jesus disse aos Seus discípulos em João 14:11-12:

> Crede-me que estou no Pai, e o Pai, em mim; crede ao menos por causa das mesmas obras. Em verdade, em verdade vos digo que aquele que crê em mim fará também as obras que *eu faço e outras maiores fará*, porque eu vou para junto do Pai. (grifo nosso)

O poder dinamite é muito importante porque Jesus nos disse para operar milagres. Ele operou milagres e multidões vieram a Ele.

Por todo o Evangelho é dito que multidões vinham a Jesus para serem curadas e não apenas para ouvi-lo pregar. Ocorreu o mesmo no livro de Atos. As multidões vinham para serem curadas, e então os discípulos pregavam para elas!

Quando João Batista estava na prisão, ele enviou seus discípulos a Jesus para perguntar: "És tu aquele que estava para vir ou havemos de esperar *outro?*" Colocando de outra maneira: *O Senhor é de fato o Messias? Ou apenas uma imitação?* Jesus disse: *Os cegos veem, os coxos andam, os leprosos são purificados, os surdos ouvem; não fiquem ofendidos com isso* (ver Lucas 7:20). Era como se Jesus dissesse: *Não sou falsificado. Esses milagres confirmam que sou legítimo.* Então, de fato, qualquer outra coisa fora do poder dinamite é mera falsificação.

A Bíblia diz que o Evangelho não veio somente em palavra, mas em poder dinamite no Espírito Santo e em plena convicção (ver 1 Tessalonicenses 1:5). Jesus não apenas pregava, mas Sua mensagem era acompanhada de milagres. Agora é a nossa vez de entregar a mensagem, e precisamos fazê-lo com a mesma demonstração de poder de Jesus. A Bíblia diz: "*E eles, tendo partido, pregaram em toda parte, cooperando com eles o Senhor e confirmando a palavra por meio de sinais, que se seguiam*" (Marcos 16:20). Sinais e maravilhas confirmam a mensagem!

A Igreja Primitiva entendeu isso: Jesus disse-lhes para impor as mãos sobre os doentes porque seriam curados! *Vão expulsar demônios em Meu nome* é uma ordem de Deus! (ver Marcos 16:15-18). Não existe plano B. Os discípulos foram, e o Espírito Santo foi com eles, confirmando a Palavra com sinais e maravilhas! Assim como Jesus é, nós também somos neste mundo (ver 1 João 4:17). Se você é um seguidor fiel de Jesus, então você deveria estar se movendo em sinais e maravilhas para validar a Sua Palavra.

Ao enviar os discípulos, Jesus lhes disse: *Vão, compartilhem das refeições deles, curem os doentes e digam que o reino dos céus está próximo* (ver Mateus 10:5-15). Sinais e maravilhas validam e confirmam o Reino dos Céus.

ACENDA A DINAMITE*

Essa é uma das razões pelas quais esta geração não segue mais a Deus. Jesus disse: "... *mesmo que não creiam em mim, creiam nas obras*" (João 10:38, NVI). Bem, se as pessoas não veem as obras na forma de sinais e maravilhas, então elas não creem. Quando começarmos a fazer as obras de Cristo, as pessoas começarão a crer! Se Jesus precisava de sinais, maravilhas e milagres para fazer as pessoas se achegarem, bem, não somos melhores do que Ele. Precisamos fazer o mesmo! Jesus nos deixou o exemplo de segui-lo e nos deu a ordem de curar os doentes. Não é uma variável, não é uma opção. Não existe plano B!

Também sabemos que há muitas maneiras práticas através das quais podemos ajudar. Alimentando os pobres e cuidando deles, por exemplo. Mas isso nunca deveria substituir o poder milagroso de Deus. Precisamos demonstrar o poder *dunamis*!

Às vezes, as pessoas se sentem como se não soubessem fluir em sinais e maravilhas. Fé e obediência são a mesma coisa. Se você quer operar milagres, vá e imponha as mãos sobre os doentes! Não existe fórmula ou jeito certo de fazer. Não é o que você sabe; é *quem* você conhece. Se você for em nome de Jesus, milagres virão como consequência.

Descobri que a melhor maneira é ir e falar com as pessoas. Você não tem de trazer o assunto de ser cristão logo de cara. Pergunte a alguém: *Como você está? Como está sua família? O que você vai fazer hoje?* Apenas converse com eles. Mais cedo ou mais tarde, eles vão falar que estão doentes ou que conhecem alguém que esteja. Então diga: *Veja, eu acredito que Deus pode curar. Posso orar por você agora? Posso abençoar sua vida? Deixe-me orar por você; creio que Deus irá curá-lo.*

Quando eles concordarem, apenas imponha as mãos sobre eles e fale para o problema: *Dor, vá embora! Em nome de Jesus!*

Você não precisa pedir a Jesus para curar porque Ele já nos deu autoridade em Seu nome. Sempre fale diretamente com o problema. Não fale muito, tentando citar dez versículos, apenas coloque a mão sobre a pessoa e diga: *"Senhor, abençoe esta pessoa agora, e toda doença, vá embora em nome de Jesus!"*.

A melhor ideia para começar a fluir no poder *dunamis* é apenas começar a agir — é a única maneira! Você poderia aprender sobre como dirigir um carro, se inscrever numa autoescola ou ler tudo o que existe relacionado a direção de veículos, mas até que saia e dirija, você não saberá de fato. A partir do momento que começar a praticar, perceberá como é fácil. Há pessoas em outros países que são analfabetas, mas estão ressuscitando os mortos. Não existe fórmula, ore em nome de Jesus e irá funcionar! É simples assim, realmente.

E se alguém estiver endemoniado, diga: *"Espírito mau, saia! Demônio, vá embora! Em nome de Jesus!"*. Isso é tudo! Jesus disse: *"Eis aí vos dei autoridade para pisardes serpentes e escorpiões e sobre todo o poder do inimigo, e nada, absolutamente, vos causará dano"* (Lucas 10:19). Essa palavra *"todo"* literalmente envolve *tudo!* Temos todo o poder sobre o inimigo!

Se eu abrisse meu bolso e lhe desse todo o dinheiro que tenho, então não me sobraria nada, certo? Eu lhe dei *todo* o meu dinheiro. Da mesma maneira, se Deus nos deu toda a autoridade e todo o poder, então o diabo não tem nenhum. Nós temos tudo! O diabo tentou nos convencer de que não temos nada disso, mas na verdade nós temos *todo* o poder. Precisamos combater as enfermidades. Ordene à doença que vá embora, e ela irá!

A primeira vez que vi alguém ser curado foi meio que por acidente. Um amigo veio à minha casa fazer uma visita — ele estava um pouco bêbado, e eu havia parado de beber fazia pouco tempo. Então, esse amigo havia levado um fardo com seis cervejas para nós, e eu havia comprado uma Bíblia para ele.

— Não sinto mais vontade de beber — disse eu ao meu amigo.

E ele perguntou:

— O quê? Você não pode mais beber?

— Não, eu *não sinto mais vontade*, amigo.

Ele jogou a Bíblia no chão e disse:

ACENDA A DINAMITE*

— Não quero essa porcaria de Bíblia!

Na ocasião, seu joelho estava inchado devido a uma lesão. Então eu recorri a Tiago 5:14-15 e disse a ele:

— Deus pode consertar isso. Eu li na Bíblia que se um ancião ungir o doente com óleo e orar, então Deus irá ajeitar as coisas.

Pensei comigo: *Bem, eu sou mais velho que o meu amigo! Vou orar por ele!*

Fui à minha garagem, peguei um pouco de óleo e passei em seu joelho. Então eu disse:

— Aí está, Jesus, *conserte isso pra gente*!

E o joelho desinchou bem na nossa frente! Pensei: *Caramba, Deus cura!*

Comecei a orar por todo mundo depois dessa experiência! Eu tinha uma fé simples, era só isso. Tudo o que eu orava era: "Dê um jeito nisso, Senhor". E Deus estava curando as pessoas!

Mas, em seguida, procurei o pastor da minha igreja e contei a ele o que houve.

— Não é demais, pastor?! Deus cura a todos! É fantástico!

E ele me respondeu:

— Olha, Deus não cura todo o tempo, sabe...

Pensei: *Bem, tive um bom começo!* Mas comecei a achar que da próxima vez que orasse por alguém, talvez Deus não fosse curá-lo. Eu havia perdido aquela fé simples. Perdi a simplicidade de apenas acreditar na Bíblia. Levei anos para ter isso de volta, pois ele era um pastor e eu era recém-convertido. Ele deveria estar certo e eu errado. Comecei a achar que eu havia tido sorte. Mas, na verdade, trata-se de ter fé. Você crê no nome de Jesus, e Ele irá curar. A Bíblia diz:

> Porque em verdade vos afirmo que, se alguém disser a este monte: Ergue-te e lança-te no mar, e *não duvidar no seu coração, mas crer que se fará o que diz*, assim será com ele.
>
> — Marcos 11:23, grifo nosso

É simples assim. Deus diz o que Ele faz e faz o que diz! Ele cumpre Sua Palavra! Quando tiramos um extrato bancário que nos diz quanto dinheiro temos em nossa conta, acreditamos o suficiente para sacar uma quantia daquele banco com confiança. É o mesmo com a Palavra de Deus; temos que confiar em Sua Palavra. Se está na Palavra de Deus, então funciona!

Fico maravilhado com a quantidade de novos convertidos que creem na Palavra e veem os doentes curados, enquanto há tantos cristãos antigos que precisam citar dez versículos primeiro porque duvidam que Deus irá curar a pessoa.

A fé é um gatilho. A Bíblia diz: *"Porque também a nós foram anunciadas as boas-novas, como se deu com eles; mas a palavra que ouviram não lhes aproveitou, visto não ter sido acompanhada pela fé naqueles que a ouviram"* (Hebreus 4:2). A fé é a chave! A fé é o gatilho para acender a dinamite! A Bíblia diz ainda: *"Ora, a fé é a certeza de coisas que se esperam, a convicção de fatos que se não veem"* (Hebreus 11:1). A fé é real, tem substância, é a evidência das coisas invisíveis. Então, quando falamos em fé e cremos na Palavra, a substância é ativada!

Eu trabalho com muitas comunidades indígenas, e elas entendem a lei de cada grupo. Quando alguém invoca a lei que as rege, elas sabem o que têm de fazer. E quando os indígenas leem a Bíblia, da mesma forma, eles sabem que é a Lei de Deus. Dizem que deve ser verdade porque é a Lei de Deus! Eles simplesmente acreditam na Palavra. É por isso que, na minha experiência, os indígenas presenciam muitas curas. Tive o privilégio de trabalhar em comunidades indígenas por quase trinta anos. Quero lhe dizer que o que ensinei neste capítulo não são palavras vazias. Vi Deus se mover poderosamente através de milhares de milagres de salvação e cura através do Seu poder *dunamis*. E esse mesmo poder está disponível para todos os crentes.

Então, para terminar, quero deixar esta mensagem com você: creia e não duvide, e você verá o poder dinamite de Jesus que opera milagres!

Capítulo 12

Sonhos
E VISÕES

ACENDA A DINAMITE*

Quando Deus derrama Seu Espírito, um dos fenômenos sobrenaturais que podemos esperar são sonhos e visões. Esse fato foi predito pelo profeta Joel, quando ele profetizou sobre um derramar do Espírito Santo no fim dos tempos.

> E acontecerá, depois, que *derramarei o meu Espírito sobre toda a carne*; vossos filhos e vossas filhas profetizarão, *vossos velhos sonharão, e vossos jovens terão visões*. Até sobre os servos e sobre as servas *derramarei o meu Espírito naqueles dias*.
>
> — Joel 2:28-29 (grifo nosso)

A incrível promessa do derramamento do Espírito de Deus sobre toda a carne foi cumprida logo após a ressurreição de Cristo. Em Atos 2, os discípulos de Jesus estavam reunidos e permaneciam fielmente em oração enquanto esperavam pelo prometido derramar do Espírito Santo. Então, um som como de um vento impetuoso veio e o Espírito Santo encheu todos eles (ver Atos 2:1-4).

No momento seguinte, após receber esse *poder*, Pedro se levantou diante de muitos e proclamou: *"Mas o que ocorre é o que foi dito por intermédio do profeta Joel"* (Atos 2:16). Pedro reconheceu que o *dunamis*, o poder dinamite que Jesus prometera, era o mesmo derramar profetizado pelo profeta Joel! E Joel apontou especificamente sonhos e visões como parte do que iria acontecer quando Deus derramasse Seu Espírito nos últimos dias.

Tudo se conecta! Sonhos e visões fazem parte da dinâmica de acender a dinamite e acionar o poder que opera milagres — poder que foi derramado em Atos 2 e continua sendo derramado hoje! Agora, o que acho muito interessante é que Deus sempre esteve falando a homens e mulheres através de sonhos e visões por toda a Bíblia. Particularmente no Antigo Testamento, vemos Deus falando com pessoas específicas em momentos específicos através dessas manifestações, mas eu acredito que a profecia de Joel estava nos mostrando que os sonhos e as visões iriam acontecer em maior quantidade nestes últimos dias. Não é apenas para os profetas ou para certas pessoas dotadas, é para todos! Deus disse que derramaria o Seu Espírito sobre *"toda a carne"* — ou seja, sobre todos os cristãos! Todo aquele que clamar pelo nome do Senhor, sendo homem ou mulher, jovem ou velho, filhos ou filhas — todos os que receberem o Espírito Santo — terão acesso a esse dom maravilhoso de sonhos e visões. Houve uma ampliação da nova aliança para todos os cristãos que é acessível a todos nós hoje!

Quero trazer um pouco de teologia sobre isso, mas também vou compartilhar testemunhos de como Deus me direcionou em várias ocasiões através de sonhos e visões. Com frequência, isso tem trazido um significado singular não somente à minha vida pessoal e ministerial, mas também para a eficácia do evangelismo e a salvação das pessoas. Deixe-me começar compartilhando esta história incrível.

Alguns anos atrás, senti-me conduzido pelo Senhor a morar numa cidade chamada Noble Park, que é parte da grande cidade de Dandenong, em Vitória, Austrália. Uma das razões pelas quais eu queria me mudar para lá foi porque, na época, a região estava experimentando uma das maiores taxas de criminalidade na Austrália. Desde o momento em que fui salvo, meu coração sempre tem buscado ser uma luz na escuridão.

Durante esse tempo, ardia dentro de mim o desejo de aprender a acionar o poder que opera milagres. Eu me sentia particularmente inclinado a ouvir mais de Deus e passava muitas horas buscando Sua presença em oração e jejum. Uma noite, durante essa minha busca por mais de Deus, fui para a cama, como de costume, e tive um sonho incrivelmente claro. No sonho, Deus falou comigo e disse para eu entrar no meu carro e dirigir para Dandenong a fim de pregar o Evangelho.

ACENDA A DINAMITE*

Imediatamente, acordei. Era uma hora da manhã e, mesmo assim, eu não estava nem um pouco cansado. Eu tinha tanta energia que era como se tivesse tomado dez xícaras de café! Sentia-me muito animado porque sabia que Deus estava falando comigo através do sonho e que Ele queria que eu entrasse no meu carro e partisse. Nesse época, eu buscava diligentemente ao Senhor, desejando ouvir Sua voz e ser usado por Ele. Entendi que era hora de *ir*.

Segui a direção do sonho, entrei em meu carro e dirigi direto para Dandenong. Quando cheguei, era por volta de uma e meia da manhã e não havia ninguém por perto. Parecia uma cidade fantasma. Mas eu estava confiante de que Deus havia falado comigo em sonho. Decidi dirigir pelas ruas e procurar o momento oportuno para compartilhar o Evangelho.

As primeiras pessoas que vi, e as únicas que estavam por lá, eram um jovem casal, às duas da manhã, sentados na sarjeta, bebendo vinho em um barril. Para ser honesto, eu não tinha certeza se essas eram as pessoas com quem Deus queria que eu falasse. Mas não havia mais ninguém por ali, então pensei: *Devem ser elas*. Saí do meu carro e comecei a me aproximar do casal.

Como mencionei, Dandenong e Noble Park eram conhecidas por terem atividades de gangues, principalmente naquele horário da madrugada. Havia dois grupos rivais em particular chamados *Bloods* e *Crips*. Eu notara que o jovem rapaz estava com um lenço vermelho, que era a cor da gangue *Bloods*, e aconteceu que, de fato, ele era um deles.

Não permiti que a intimidação me tirasse do lugar da fé, então comecei a compartilhar o Evangelho com o casal enquanto estavam sentados ali. Eles não pareciam estar interessados no que eu estava falando, mas também não me disseram para cair fora; então continuei conversando com eles. Percebi que a garota estava ficando interessada no que eu dizia e comecei a ouvir o coração de Deus acerca dela. Então falei: "Escute, eu preciso que você saiba que Deus me acordou no meio da noite, depois de me dar um sonho, e me mostrou que eu devia vir a Dandenong para dizer-lhe que Jesus a ama. Para lhe dizer que Deus tem um plano para a sua vida".

Continuei compartilhando com o casal sobre o plano da salvação, alertando-os das consequências de permanecerem no pecado e sobre o inferno. Mas também continuei enfatizando que Deus tinha um plano e propósito para a vida daquela moça.

Depois que terminei de falar com aquele jovem casal, voltei ao meu carro e fui para casa. Para ser honesto, fiquei um pouco decepcionado. Quando saí para minha missão, pensei que algo grande fosse acontecer. Eu estava esperando ver talvez um anjo, ou experimentar algum milagre incrível, ou ver alguém salvo, mas, no momento, foi como se nada de importante tivesse acontecido.

Eu me senti diminuído e, de repente, Deus falou ao meu coração: "*Você fez o que lhe pedi para fazer, muito bem! Você foi fiel e plantou a semente*".

Essa palavra me ajudou a realinhar minha perspectiva. Percebi o quanto foi legal Deus ter respondido à minha oração. Eu estava desejando que Ele me usasse, então Ele me deu um sonho e me enviou em uma missão na madrugada. Isso foi bem incrível!

A noite seguinte revelou o quão maravilhoso foi o que Deus fez. Eu estava na minha casa em Noble Park quando um amigo que estava comigo e eu decidimos ir a uma lanchonete próxima. Eram oito horas da noite, tudo já escuro e estávamos bem atentos porque estavam acontecendo muitos roubos e esfaqueamentos na região. Mas isso não nos impediu de pegar um atalho até a lanchonete.

Nessa época, havia um beco paralelo à linha do trem. Começamos a andar ali, era noite e estava muito escuro. Quase no meio do caminho, notamos uma moça caída no chão. Eu não a reconheci imediatamente, mas fiquei muito preocupado porque ela parecia estar morta.

ACENDA A DINAMITE*

Meu amigo rapidamente checou seus sinais vitais e encontrou uma pulsação fraca; no entanto, ela não estava respirando. Estava viva, porém inconsciente e em um estado muito ruim. Meu amigo chamou uma ambulância e eu comecei a orar, declarando vida de volta ao seu corpo e amarrando o diabo em nome de Jesus.

Depois de alguns momentos orando, a vida voltou à garota. De repente, ela acordou cuspindo e tossindo. Olhou para o meu rosto e fez contato visual. E foi aí que a reconheci. Caída ali no chão, na minha frente, acabando de voltar de uma quase morte, estava a garota da noite anterior! Ela era a jovem por quem Deus havia me dado o sonho! Ela era a razão pela qual Deus havia me enviado a Dandenong no meio da noite — para dizer-lhe que Jesus a amava e que Ele tinha um plano para sua vida!

A garota estava me olhando claramente espantada. Ela estava assustada e eu também! Animado, mas assustado! Você não pode me dizer que foi coincidência. Estávamos num lugar escuro em uma cidade completamente diferente. Quais eram as chances de nós sermos aqueles que a encontraríamos quando ela foi deixada para morrer? Meu amigo e eu não tínhamos sombra de dúvida de que tinha sido Deus.

Acontece que a razão pela qual a moça estava naquele estado foi porque ela tentara se matar. Ela havia ingerido muitos remédios e sua intenção era se deitar nos trilhos do trem, mas acabou desmaiando antes. A jovem havia descoberto que seu namorado, o rapaz da noite anterior, havia lhe traído. Ela se sentira sozinha, sem esperança e rejeitada.

Meu amigo e eu compartilhamos o amor de Deus mais uma vez e ela alegremente entregou sua vida a Jesus. E mais tarde se uniu a uma igreja local! É incrível que esse encontro radical tenha começado com um sonho. Deus ainda fala hoje às pessoas por meio de sonhos! E o bacana é que a história com essa jovem garota não terminou aí.

Como mencionei antes, seu ex-namorado fazia parte da gangue *Bloods*, e a razão principal para ter me mudado para a área de Noble Park foi para alcançar essa gangue em particular. A história dessa garota foi tão radical que se espalhou rapidamente entre os membros da gangue. Seu ex-namorado até confirmou para as pessoas que eu realmente conversara com eles dizendo que Deus havia falado comigo na noite anterior a que ela tentara tirar sua vida. A garota estava agora contando a todos os seus amigos da gangue *Bloods* o que Deus havia feito por ela.

Foi um momento incrivelmente divino e que ajudou a viralizar esse testemunho porque, por volta da mesma época, eu estava planejando realizar um culto evangelístico em campo aberto em Noble Park. Organizamos uma grande tenda, uma banda, e divulgamos a notícia em panfletagem. Eu pessoalmente fui a quantos gângsters pude, convidando-os para o encontro na tenda.

O resultado foi muito além do que eu esperava. A experiência pessoal de transformação da garota estava atraindo uma multidão que normalmente não estaria nem aí para Deus. Por volta de sessenta pessoas da gang dos *Bloods* apareceram no encontro. Não recuamos, e pregamos o Evangelho bíblico puro! Ensinamos sobre a necessidade de se afastar do pecado e se aproximar da justiça, e alertamos sobre as consequências do inferno.

Alguns não estavam interessados no Evangelho e foram embora, mas a maioria ficou. E o mais maravilhoso foi que ao menos metade deles levantou as mãos em resposta à mensagem do Evangelho!

Tudo isso conectado com o testemunho da garota, que se conecta com o sonho que Deus me dera. A partir daquele único sonho, a vida de uma garota foi transformada e um avivamento começou entre uma das gangues mais conhecidas do subúrbio de Melbourne.

Deus ainda fala às pessoas através de sonhos e visões hoje! Eu creio que Ele sabia que isso iria acontecer. Ele não causou o sofrimento da garota, mas sabia de sua dor e me usou para lhe entregar Sua mensagem redentora.

Deus sabia que era um planejamento de dois dias. Ele sabia que eu e meu amigo iríamos querer andar até o Subway, então determinou que eu seria um sinal e uma maravilha para essa garota!

Agora deixe-me desvendar um pouco da teologia em volta desse fenômeno incrível e sobrenatural de sonhos e visões, e vamos olhar para alguns dos diferentes tipos de sonhos que Deus pode liberar.

SONHOS DE ALERTA

Sonhos de alerta ocorrem quando Deus intervém para chamar a atenção de uma pessoa sobre um assunto específico. Há momentos em que os sonhos de alerta irão abordar uma situação pecaminosa em especial. Em Gênesis 20:3, Abraão havia enganado o rei Abimeleque sobre sua esposa. Ele dissera ao rei que Sara era sua irmã. Pensando que ela era solteira, Abimeleque desejava tomar Sara como sua esposa. No entanto, Deus falou a Abimeleque em sonho e deu-lhe um aviso severo, dizendo que se ele não devolvesse Sara, com certeza morreria. O rei devolveu Sara para Abraão e um grande pecado foi evitado. Alertando Abimeleque através de um sonho, onde lhe foi dito que Sara, na verdade, era esposa de Abraão, Deus salvou a todos de um pecado doloroso.

Outro exemplo de sonhos de alerta é quando Deus quer nos avisar sobre um perigo iminente. Em Mateus 2:13, Deus alertou a José que o rei Herodes estava procurando o bebê Jesus para matá-lo. No sonho, Deus falou com José e deu-lhe um aviso, mas Ele também direcionou José sobre o que fazer a partir dali. Vamos falar sobre sonho direcional em breve.

Deus também usa sonhos para nos alertar em nossa caminhada pessoal com Ele. Em Jó 33:14-18, a Bíblia nos diz que Deus usa sonhos e visões para entregar avisos que nos impedirão de fazer coisas erradas e cair no pecado do orgulho. Ele usa tais expedientes para falar conosco pessoalmente sobre certas áreas de nossa vida que precisam de correção. Ele nos poda para que possamos crescer e nos adverte contra as ciladas do pecado.

SONHOS DIRECIONAIS

Outra maneira de Deus falar conosco é através de *sonhos direcionais*. São sonhos em que Deus dá sabedoria e orientação. Pode ser direção geográfica ou até orientação em decisões a serem tomadas. Em Mateus 2:19, Deus direciona José a mudar sua família para o Egito. É parecido com o sonho de alerta que Deus havia dado a José previamente, exceto que agora Deus estava lhe dando direção para que ele pudesse levar Maria e Jesus a um lugar seguro.

Em todas as organizações que fundei, quase todas as decisões de grande importância foram direcionadas por Deus em sonhos. Um exemplo disso aconteceu alguns anos atrás. Ben Fitzgerald e eu tivemos um forte sentimento em nossos corações de que Deus queria fazer algo na Austrália assim como Ele vinha fazendo na Europa através de eventos de avivamento — milhares de almas sendo salvas em estádios, como nos dias de Billy Graham. Naquela época, Ben morava na Alemanha e eu na Austrália, então nossos fusos horários eram completamente diferentes e, às vezes, eu esquecia isso. Uma vez, telefonei para ele sem perceber que eram três horas da manhã onde ele morava. Meu telefonema o acordou e ele me disse: *"Irmão, acabei de ter um sonho, e você acabou de literalmente me tirar desse sonho"*.

Ben começou a me dizer que no sonho nós estávamos em um estádio em Melbourne, Austrália. Isso foi muito interessante porque o nome do nosso ministério é *Awakening* (Despertar), ou seja, o fato de Ben ter sido *desperto* de um sonho sobre realizar uma campanha evangelística em Melbourne não foi uma coincidência, mas algo significativo. Na verdade, o estádio no sonho que ele descreveu era o Estádio Marvel, o próprio local que acabamos alugando para realizar a nossa campanha evangelística, que aliás foi muito bem-sucedida. Sabíamos que o sonho fora uma confirmação de que com certeza deveríamos ir em frente e aproveitar a chance de reunir pessoas de todo o país para esse evento histórico, que aconteceu em 2018. Por fim, acabou sendo o maior evento evangelístico na Austrália desde os dias de Billy Graham. Olhando para trás agora, fico muito feliz de termos reconhecido a voz de Deus e Sua direção naquele sonho. Foi o sonho que nos deu fé e confiança para agir e ver a história sendo feita para Jesus.

SONHOS PROFÉTICOS E FUTURISTAS

Outra maneira de Deus falar conosco é através de sonhos proféticos e futuristas. Esses sonhos com frequência são Deus nos revelando algo que acontecerá no futuro.

Em Daniel 7, Deus deu ao profeta sonhos e visões que eram apocalípticos por natureza. Isso significa que os sonhos estavam comunicando a Daniel sobre coisas que iriam acontecer no fim dos tempos, quando Deus irá inaugurar seu Reino final.

Acredito que Daniel escreveu esses sonhos sem entender completamente o que estava vendo, mas a Igreja moderna está testemunhando o sonho acontecer e tem conseguido interpretá-lo adequadamente nos dias de hoje.

SONHOS INDIRETOS

Existem momentos em que Deus pode escolher falar conosco indiretamente através dos sonhos de outras pessoas. Nesse caso, precisamos estar abertos para ver o que Deus está fazendo com as pessoas à nossa volta porque Ele pode usar alguém para nos trazer uma palavra através dos sonhos e visões delas.

Em Juízes 7:13-15, Gideão ouviu um homem falando do que sonhara e de seus companheiros dando a interpretação. A um homem foi dado o sonho e ao outro o dom da interpretação para destacar a mensagem do Senhor. Gideão foi humilde o suficiente para ouvir a interpretação do sonho e, como resultado, confiou no Senhor e recebeu a estratégia sobre como derrotar os inimigos de Israel.

Acho isso lindo porque nós somos um corpo. Deus usa com frequência diferentes pessoas para falar conosco porque Ele quer que tenhamos comunhão uns com os outros, e também deseja que percebamos que precisamos uns dos outros. A Bíblia diz que somos pedras vivas e que devemos estar bem ajustados como Igreja (ver Efésios 2:21).

INTERPRETAR SONHOS É UM DOM

A habilidade de sonhar é um dom de Deus, assim como interpretar seu significado e mensagem. Como cristãos, devemos buscar a experiência de ouvir de Deus através de sonhos e visões e também aprender a interpretá-los.

Em Gênesis 41:25, Deus revelou a José a interpretação do sonho de Faraó. José então foi equipado com a habilidade de prover o Egito, por meio de sabedoria e estratégia, o que preparou o povo para sete anos de prosperidade e em seguida sete anos de fome. O que isso significa é que, através do dom da interpretação de sonhos, José conseguiu ganhar influência política e mudou o curso de uma nação inteira.

FALSOS SONHOS E VISÕES

Nem todo sonho ou visão que temos será de Deus. Na verdade, Deus nos alerta sobre falsos sonhos e visões; por isso é tão importante estarmos fundamentados e firmes na Palavra de Deus. Devemos ter certeza de que o que estamos ouvindo e vendo no sonho se alinha com as Escrituras. Se não estivermos lendo a Palavra de Deus com diligência, o inimigo pode trabalhar nesse campo e até trazer confusão e engano através de sonhos e visões. Jeremias 23:32 diz:

> Eis que *eu sou contra os que profetizam sonhos mentirosos*, diz o Senhor, e os contam, e com as suas mentiras e leviandades fazem errar o meu povo; pois eu não os enviei, nem lhes dei ordem; e também proveito nenhum trouxeram a este povo, diz o Senhor. (grifo nosso)

E Zacarias 10:2 também nos dá um exemplo:

> Porque os ídolos do lar falam coisas vãs, e os adivinhos veem mentiras, *contam sonhos enganadores* e oferecem consolações vazias; por isso, anda o povo como ovelhas, aflito, porque não há pastor. (grifo nosso)

Assim como testamos o dom profético (ver 1 Tessalonicenses 5:20-21), assim também devemos sempre testar os sonhos para ver se são de Deus. Deuteronômio 13:1-3 diz:

> *Quando profeta ou sonhador se levantar no meio de ti e te anunciar um sinal ou prodígio,* e suceder o tal sinal ou prodígio de que te houver falado, e *disser: Vamos após outros deuses,* que não conheceste, e sirvamo-los, *não ouvirás as palavras desse profeta ou sonhador;* porquanto o Senhor, vosso Deus, vos prova, para saber se amais o Senhor, vosso Deus, de todo o vosso coração e de toda a vossa alma. (grifos nossos)

Isso nos ensina que, às vezes, os sonhos são de Deus, às vezes são do inimigo, e às vezes podem vir da nossa própria alma. Chamo esses tipos de sonhos de *sonhos de pizza*: acontece quando assistimos a um filme esquisito, por exemplo, ou comemos muita pizza e vamos dormir e acabamos sonhando coisas estranhas. Não é algo de Deus, nem do inimigo, é apenas da nossa alma.

É interessante, mas até hoje os cientistas não sabem por que sonhamos. Claro que existem teorias, mas ninguém realmente sabe o *motivo*.

Ernest Hartmann, um professor de psiquiatria na *Tufts University School of Medicine*, disse:

> A resposta mais honesta é que ainda não sabemos a função ou funções do sonho. Essa ignorância não deveria surpreender porque, apesar de muitas teorias, ainda não entendemos completamente as funções do sono REM (Movimento Rápido dos Olhos), que é quando a maioria dos sonhos acontece.[11]

O cientista PhD Michael J. Breus diz: *"A ciência fez grande progresso em aprofundar nosso entendimento sobre sonhar. E ainda não há resposta para a pergunta: Por que sonhamos?"*.[12] Isso é porque os sonhos são frequentemente sobrenaturais. De acordo com a ciência, o motivo pelo qual sonhamos é desconhecido. Mas de acordo com a Bíblia, Deus disse: *"Nos últimos dias, Eu derramarei do Meu Espírito e eles terão sonhos e visões!"* É tudo parte do poder que opera milagres e que está sendo derramado conforme acendemos a dinamite e nos tornamos testemunhas de Cristo.

Capítulo 13

O poder
DO EVANGELHO

Nunca ouviremos uma mensagem mais importante do que a do Evangelho de Cristo. Por essa razão, este é um dos capítulos mais importantes deste livro. Tudo o mais que abordamos nesta obra sobre acender a dinamite existe para apoiar o Evangelho. Curar os doentes, ressuscitar os mortos, sinais e maravilhas, e o poder *dunamis* que opera milagres — Deus usa todas essas obras sobrenaturais maravilhosas para confirmar as boas novas de Jesus.

A mensagem por si só é poderosa. A salvação através da pregação do Evangelho é o maior milagre de todos! Quando alguém ouve o Evangelho, se arrepende e crê, torna-se uma pessoa completamente nova ao nascer de novo espiritualmente. A Bíblia diz: *"E, assim, se alguém está em Cristo, é nova criatura; as coisas antigas já passaram; eis que se fizeram novas"* (2 Coríntios 5:17).

O Evangelho contém o poder absoluto de Deus. A Bíblia diz: *"Pois não me envergonho do evangelho, porque é o poder de Deus para a salvação de todo aquele que crê, primeiro do judeu e também do grego"* (Romanos 1:16). Essa palavra, *poder*, é a mesma palavra *dunamis*[13] de Atos 1:8. O *dunamis*, poder dinamite de Deus, está na mensagem do Evangelho. E quando ele é pregado e o ouvinte crê, algo se acende!

Vemos Paulo falando do mesmo tema, com palavras diferentes, em 1 Coríntios 1:18: *"Certamente, a palavra da cruz é loucura para os que se perdem, mas para nós, que somos salvos, poder de Deus"*. É impossível separar a mensagem do Evangelho do poder de Deus! Quero dedicar os próximos parágrafos para falar do que é essa mensagem explosiva.

NOTÍCIAS BOAS, NOTÍCIAS RUINS

Sabemos que não há melhor notícia do que a do Evangelho. No entanto, é importante entender que as notícias não são boas para aqueles que não o recebem.

Na Austrália, somos abençoados com muitas praias lindas, mas nossas orlas podem ser bem perigosas. Para manter as pessoas a salvo, essas praias são equipadas com guarda-vidas — homens e mulheres que ficam alertas ao perigo que o público, com frequência, não consegue ver por si só.

O guarda-vidas senta-se em sua torre e observa diligentemente, sempre procurando por uma oportunidade de tirar alguém da má notícia de um perigo não percebido. Quando os guarda-vidas veem a pessoa em dificuldade, eles correm em seus jet-skis e jogam-lhe uma boia salva-vidas. Às vezes, as pessoas não conseguem perceber imediatamente o perigo em que estão, tal como um tubarão rondando logo abaixo ou uma profunda fenda potencialmente mortal. Mas quando elas confiam no guarda-vidas e pegam a boia, são colocadas em segurança.

Da mesma maneira, há pessoas se afogando no pecado que às vezes não percebem o perigo em que estão. Elas podem acreditar que suas vidas estão em águas tranquilas, mas na verdade estão cegas pela correnteza do pecado, sendo rodeadas pelos demônios, só esperando para afundá-las nas profundezas do inferno. Elas não percebem as más notícias, isto é, elas perecerão a menos que confiem na boia salva-vidas.

O Evangelho é a boia salva-vidas. É importante que as pessoas tenham entendimento sobre as más notícias antes de enxergarem a necessidade das boas novas do Evangelho e o motivo pelo qual ele é o poder de Deus para a salvação.

QUEM NÓS ÉRAMOS

Efésios 2:3-5 diz:

> Entre os quais também *todos nós andamos outrora, segundo as inclinações da nossa carne, fazendo a vontade da carne e dos pensamentos; e éramos, por natureza, filhos da ira,* como também os demais. Mas Deus, sendo rico em misericórdia, por causa do grande amor com que nos

> amou, e estando nós mortos em nossos delitos, nos deu vida juntamente com Cristo, — pela graça sois salvos.
> (grifo nosso)

A linguagem de Paulo é incrível; ele usa palavras como *"outrora"*, *"éramos"* e *"estando"*. Então, imediatamente sabemos que Paulo está se referindo ao passado. Nossa natureza era desprezível antes de sermos salvos. Essa passagem revela que a humanidade nasce em uma natureza pecaminosa e necessita de salvação. Quando Paulo escreve para a Igreja de Roma, , ele diz: *"Pois todos pecaram e carecem da glória de Deus"* (Romanos 3:23). Todos somos pecadores por natureza desde o nascimento.

Os seres humanos não nascem somente na condição de filhos da ira. Na mesma passagem, Paulo afirma que *"estávamos mortos em nossos delitos"* (Efésios 2:5). Isso se refere à morte espiritual. Outra maneira de descrever isso é dizer que as pessoas que não são nascidas de novo estão infectadas com a *doença* do pecado.

No entanto, Paulo logo diz: *"Mas Deus, sendo rico em misericórdia, por causa do grande amor com que nos amou, e estando nós mortos em nossos delitos, nos deu vida juntamente com Cristo, — pela graça sois salvos"* (Efésios 2:4-,5). Paulo deu primeiro as más notícias, mas imediatamente em seguida trouxe as boas novas. Ao pregar o Evangelho, é muito importante explanar e explicar as notícias ruins às pessoas para que elas possam receber então as boas novas.

O mundo inteiro foi infectado com algo que é muito pior do que qualquer doença conhecida pela humanidade, seja a peste negra, o HIV, o câncer ou a COVID-19. A doença espiritual do pecado não nos afeta somente nesta vida, mas também na que está por vir!

A loucura sobre essa doença é que muitos estão vivendo suas vidas sem saber que estão infectados. Eles podem estar andando, falando e experimentando sentimentos; passando pela vida sem realmente saber que estão desconectados de Deus e espiritualmente mortos em seus delitos. Por isso é imperativo pregar a verdade. Precisamos alertar as pessoas sobre seu estado de morte espiritual. Elas não precisam ficar mortas em seus delitos; Jesus pode revivê-las!

Outro exemplo do que são as más notícias e as boas novas é encontrado em Romanos 5:10. Aqui vemos que a Bíblia também fala que uma vez fomos inimigos de Deus: *"Porque, se nós, quando inimigos, fomos reconciliados com Deus mediante a morte do seu Filho, muito mais, estando já reconciliados, seremos salvos pela sua vida"* (grifo nosso). As boas novas da reconciliação e vida eterna aparecem nesse versículo, mas as más notícias também. Antes de estarmos em Cristo, éramos inimigos de Deus. As pessoas precisam reconhecer sua necessidade de um Salvador, pois o inimigo as cega e as impede de perceberem que são inimigas de Deus (ver 2 Coríntios 4:4). Jesus disse: *"Quem não é por mim é contra mim; e quem comigo não ajunta espalha"* (Mateus 12:30). Não há terreno neutro no Reino. Ou você é tudo por Jesus, ou nada. Quer você perceba ou não, a Bíblia diz que as pessoas sem Jesus são inimigas de Deus e é por isso que elas precisam das boas novas.

Isaías 59:2 também revela as más notícias de que uma vez fomos separados de Deus: *"Mas as vossas iniquidades fazem **separação entre vós e o vosso Deus;** e os vossos pecados encobrem o seu rosto de vós, para que vos não ouça"* (grifo nosso). Antes do nosso novo nascimento, o pecado havia construído uma parede de separação entre nós e Deus. Deus odeia isso! Ele quer destruir essa parede! Ele não quer que ninguém pereça (ver 2 Pedro 3:9), mas deseja se reconciliar e ter um relacionamento conosco.

Efésios 2:14 diz: *"Porque ele é a nossa paz, o qual de ambos fez um; e, tendo derribado a parede da separação que estava no meio, a inimizade…"*. Isso são boas novas! Mas se não nos arrependermos do pecado e não nascermos de novo, então não receberemos a Sua paz e permaneceremos separados de Deus. Jesus morreu na cruz para derrubar a parede da separação, a fim de que pudéssemos ser reconciliados com o Pai.

Já fomos, por natureza, filhos da ira, mortos em nossos delitos e separados de Deus. Mas é aí que o Evangelho entra em cena. Quando as pessoas entendem a mensagem do Evangelho, acreditam nela e decidem se arrepender, é aí que a dinamite, o poder que opera milagres, é acesa e destrói as obras do diabo. A doença do pecado é destruída, as correntes são quebradas e a transformação acontece. Mas, primeiro, as pessoas devem entender a importância do arrependimento. Deixe-me compartilhar com você uma história sobre a minha irmã, Sarah.

MINHA IRMÃ SARAH

Houve uma época em que minha irmã, Sarah, pensava que estava bem com Deus, mas, na verdade, ela não havia rendido sua vida ao Senhor por completo. Sarah achava que era salva e dizia conhecer Jesus, mas sua vida não estava dando frutos de arrependimento (ver Mateus 3:8).

Sarah era alcoólatra, não estava ligada a nenhuma igreja e não tinha o hábito de orar ou ler a Bíblia. Na verdade, Sarah não estava realmente interessada no cristianismo. Ainda assim, se você lhe perguntasse sobre suas crenças, ela diria que era cristã porque foi assim que ela cresceu.

Alguns anos mais tarde, depois que tive um encontro com Deus e nasci de novo, senti que eu precisava desafiar minha irmã a se afastar do pecado e abraçar Jesus completamente. Eu sabia que provavelmente Sarah não iria gostar de ser confrontada com a verdade, portanto nosso relacionamento seria colocado em risco, mas eu também sabia que sua alma eterna valia muito mais do que o que ela pudesse pensar de mim naquele momento.

Encontrei-me com Sarah, abri minha Bíblia em Tiago 2:19 e li o que estava escrito: *"Crês, tu, que Deus é um só? Fazes bem. Até os demônios creem e tremem"*.

Disse ainda: "Você pode dizer que crê, mas isso não lhe torna uma cristã. Uma crença superficial não irá levá-la ao Céu. Até os demônios creem e tremem!".

Sarah ficou muito brava comigo! É interessante que você pode dizer a alguém "Jesus ama você" e ele não ficará bravo com você. Ele pode até responder: "Obrigado, Ele o ama também". Mas o problema é que se você parar por aí, as pessoas podem pensar que estão bem com Deus, quando não estão. Elas podem seguir com suas vidas pensando que vão para o Céu quando, na verdade, estão indo para o inferno!

Não me interprete mal, mas há momentos em que falamos com as pessoas e só temos tempo para dizer "Jesus ama você". Uma semente é melhor do que nada! Já presenciamos incríveis encontros e conversões por parte de pessoas a quem simplesmente dissemos que Jesus as amava. Mas, se deixarmos somente nisso, então as pessoas serão como demônios que não se converteram de coração. Às vezes, falar a verdade traz perseguição, mas não devemos nos envergonhar do Evangelho.

Levando tudo isso em conta, compartilhei a dura verdade com minha irmã e ela ficou muito brava comigo. Ficou tão brava que eu tive de sair de sua casa! Sarah não queria ouvir mais nada de mim.

Quando deixei sua casa, lembro de ter me questionado se havia feito a coisa certa. No aspecto natural, pareceu que a reação imediata de Sarah a tinha distanciado de mim, mas minha preocupação era se eu a havia distanciado mais ainda de Deus.

No entanto, mais tarde descobri que algo poderoso aconteceu depois que a deixei com aquele versículo!

A Bíblia diz que a Palavra de Deus é como uma espada de dois gumes (ver Hebreus 4:12), e ela corta e penetra até o mais profundo do nosso ser. Jesus disse: *"E conhecereis a verdade, e a verdade vos libertará"* (João 8:32).

Logo que deixei a casa de Sarah, o Espírito Santo começou seu trabalho. Minha irmã me contou mais tarde que o que eu compartilhara a convenceu tão profundamente que ela acabou ajoelhada no chão da cozinha enquanto lágrimas de arrependimento escorriam por seu rosto!

Sarah disse: "Jesus, eu sinto muito. Entrego a Ti toda a minha vida!".

A Bíblia diz que o Espírito Santo vem para convencer o mundo do pecado, da justiça e do juízo que está por vir (ver João 16:8). Se o Espírito Santo está convencendo o mundo do pecado, da justiça e do juízo que está por vir, então é importante que a mensagem que pregamos se alinhe com Ele! Não queremos trabalhar contra o Espírito Santo, dizendo às pessoas que elas estão bem com seu pecado quando, na verdade, o Espírito Santo está tentando trazer-lhes a convicção que salva!

O Evangelho é poderoso quando é pregado em sua totalidade e plenitude. Quando pregamos o Evangelho para valer, ele tem o poder de transformar vidas e criar verdadeiros cristãos nascidos de novo.

ARREPENDA-SE E CREIA

Ao pregar o Evangelho, devemos comunicar que a salvação é um dom gratuito de Jesus. Paulo disse: "... *pela graça sois salvos*" (Efésios 2:5). As pessoas precisam somente crer e receber pela fé, e então, se arrepender. A mensagem do arrependimento é vital quando pregamos o Evangelho. O arrependimento significa fazer uma reviravolta completa. Devemos dizer às pessoas que elas precisam tomar uma decisão de se afastarem do pecado, de se afastarem da própria doença que as mata espiritualmente. É necessário que elas escolham sair da escuridão, mudem a maneira de pensar e decidam não pecar mais.

Depois de se afastarem do pecado, o próximo passo do arrependimento é voltar-se para Deus. A pessoa retorna ao Caminho e à Palavra e escolhe andar no caminho certo. Pode ser difícil, mas é o caminho que leva à vida eterna! Quando a pessoa toma essa decisão, ela está empoderando a força da graça que a transforma de dentro para fora e a capacita a abraçar uma nova vida em Cristo.

TODOS PRECISAM DO SALVADOR

Ao discipular novos convertidos ou potenciais novos convertidos, como dito anteriormente, é importante que eles entendam o motivo de precisarem do Evangelho. O Evangelho não é o poder de Deus para a salvação destinado a poucos, mas é para todas as pessoas! Não é somente para as pessoas más, ou machucadas, ou para aqueles que precisam de algum tipo de muleta religiosa para ajudá-los ao longo da vida. Cada indivíduo tem necessidade do Salvador. Cada pessoa precisa das Boas Novas!

Com frequência, converso com estranhos e compartilho com eles o meu testemunho de conversão. Uma das respostas que mais ouço é: "Fico feliz que tenha funcionado para você". Em outras palavras, eles estão dizendo: "Eu já faço o que funciona para a minha vida, e fico feliz que a religião tenha dado certo para você, mas não é para mim". Eis a questão: não importa o quanto a pessoa pense que seja boa, ou o quanto a sociedade a considera especial, ou como é uma boa esportista, ou um músico, ou até como faz parte de uma família maravilhosa. A verdade é que todo ser humano foi infectado pelo pecado. O alvo principal do Evangelho não é necessariamente tornar a vida melhor, mas sim fazer com que as pessoas se reconciliem novamente com Deus e tenham um relacionamento com Ele. E Deus não está disposto a deixar que ninguém pereça e sofra no tormento eterno (ver 2 Pedro 3:9). O Evangelho não é somente uma boa ideia, mas a única cura que todo ser humano precisa.

Isso é muito importante e eu encorajo os cristãos a usarem certos versículos-chave para explicar esse ponto quando compartilharem o Evangelho. Um desses versículos é Romanos 3:23 — *"pois todos pecaram e carecem da glória de Deus"*. Esse versículo apresenta a má notícia de que todos pecamos. Também podemos citar Romanos 6:23: *"Porque o salário do pecado é a morte, mas o dom gratuito de Deus é a vida eterna em Cristo Jesus, nosso Senhor"*. A combinação de ambas as passagens resume as partes mais importantes do Evangelho. As más notícias são ditas primeiro; em seguida, as boas novas são apresentadas. Todos pecaram e devem entender que a penalidade para o pecado é a morte espiritual. Mas as boas novas são que o dom de Deus é a vida eterna através de Jesus Cristo, nosso Senhor! O poder consiste nisso, caso o pecador receba e creia na mensagem. João 3:16 diz: *"Porque Deus amou ao mundo de tal maneira que deu o seu Filho unigênito, para que todo o que nele crê não pereça, mas tenha a vida eterna"*. Crer ativa o poder que lhe torna uma nova pessoa! Quando cremos, Deus literalmente sopra nova vida em nós!

AS BOAS NOVAS

Quando aceitamos o dom gratuito da salvação e nos arrependemos, nos afastando do pecado e nos aproximando de Deus, literalmente nos tornamos uma nova pessoa! Em 2 Coríntios 5:17 está escrito: *"E, assim, se alguém está em Cristo, é nova criatura; as coisas antigas já passaram; eis que se fizeram novas"*. O cristianismo não é moda de autoajuda. A mensagem da cruz é revolucionária! Quando entramos em um relacionamento com Jesus, toda a nossa vida é transformada. Nossa cultura muda. Não é mais a cultura do mundo, a cultura australiana ou qualquer outra cultura; nos tornamos parte da Cultura do Reino. Passamos a ser novas criaturas de dentro para fora. Nosso espírito não está mais doente pelo pecado. Não há mais condenação pesando sobre nossos ombros. O salário do pecado foi pago por Cristo e nos tornamos justificados pela fé. Não temos mais uma natureza pecaminosa.

A Bíblia diz em 2 Pedro 1:4: *"Pelas quais nos têm sido doadas as suas preciosas e mui grandes promessas, para que por elas vos torneis coparticipantes da natureza divina, livrando-vos da corrupção das paixões que há no mundo"*. Anteriormente, pude mostrar como, por natureza, éramos filhos da ira. Mas as boas novas declaram que o poder de Deus nos transformou em coparticipantes da Sua natureza divina! Nossa velha natureza não existe mais; Jesus nos deu Sua justiça e nos tornamos santos através do poder do Espírito Santo. E agora, como discípulos, aprendemos a viver segundo essa verdade. Romanos 3:23-26 diz:

> Pois todos pecaram e carecem da glória de Deus, sendo *justificados gratuitamente, por sua graça,* mediante a redenção que há em Cristo Jesus, a quem Deus propôs, no seu sangue, como propiciação, mediante a fé, para manifestar a sua justiça, por ter Deus, na sua tolerância, deixado impunes os pecados anteriormente cometidos; tendo em vista a manifestação da sua justiça no tempo presente, para ele mesmo ser justo e o justificador daquele que tem fé em Jesus. (grifo nosso)

A palavra *"justificado"* (v. 23) significa declarado ou feito justo aos olhos de Deus. Cristãos nascidos de novo foram feitos justos aos olhos do Pai e também fomos reconciliados com Ele! Eis aí as boas novas!

Tivemos oportunidade de discorrer sobre como éramos inimigos de Deus, mas as boas novas nos mostram que, uma vez nascidos de novo, não somente nos tornamos Seus amigos, mas também parte da Sua família. Somos filhos e filhas de Deus! É por isso que o Evangelho é tão poderoso; o Evangelho pega um pecador, um inimigo de Deus, e o transforma num filho amado. A passagem de 1 João 3:1-2 diz: *"Vede que grande amor nos tem concedido o Pai, a ponto de sermos chamados **filhos de Deus;** e, de fato, somos filhos de Deus. Por essa razão, o mundo não nos conhece, porquanto não o conheceu a ele mesmo"* (grifo nosso). Deus, em Seu grande amor, é agora descrito como nosso Pai. Somos filhos e filhas do grande Pai celestial que nos ama muito, e tudo isso aconteceu por fé e graça! Eis quem somos agora em Cristo Jesus!

ACENDA A DINAMITE*

Esse é o milagre do Evangelho! É por isso que o Evangelho significa boas novas!

Em resumo, o poder dinamite de Deus não é usado somente para operar sinais e maravilhas fenomenais, tais como curar doentes e ressuscitar mortos; é também importante entender que o Evangelho sozinho contém esse poder dinamite. Quando pregamos o Evangelho completo, ele tem o potencial de acender o maior milagre de todos: a salvação!

Referências

1. Concordância de Strong: G5331
2. Concordância de Strong: G1411
3. https://brisbanehealingrooms.com/who-is-john-g-lake/
4. Concordância de Strong: G907
5. Concordância de Strong: G5331
6. Concordância de Strong: H4540, Oxford Languages
7. Concordância de Strong: G4991
8. Concordância de Strong: H7495
9. https://twitter.com/drmichaellbrown/status/ em inglês
10. Concordância de Strong: G4982
11. https://www.scientificamerican.com/article/why-do-we-dream/
12. https://www.psychologytoday.com/au/blog/sleep-newzzz/ 201502/why-do-we-dream
13. Concordância de Strong: G1411

www.ingramcontent.com/pod-product-compliance
Lightning Source LLC
Chambersburg PA
CBHW072004290426
44109CB00018B/2130